Toshio Meronek
Miss Major

MISS MAJOR TOMA LA PALABRA

Vida y legado de una revolucionaria trans negra

Toshio Meronek
Miss Major

MISS MAJOR
TOMA LA PALABRA
*Vida y legado de una revolucionaria
trans negra*

Prólogo: Charlie Moya Gómez
Traducción: Laura Carasusán Senosiáin

katakrak
liburuak

Título original: *Miss Major Speaks. The Life and Legacy of a Black Trans Revolutionary*

Autoría: Toshio Meronek, Miss Major

Traducción: Laura Carasusán Senosiáin

Prólogo: Charlie Moya Gómez

Licencia original: © Toshio Meronek and Miss Major Griffin-Gracy 2023

Fotografía: Quinn Dombrowski

Licencia de la fotografía: CC BY-SA 2.0 Deed

Diseño de portada: Koldo Atxaga Arnedo

Primera edición: abril de 2024

Edición y maquetación: **Katakrak Liburuak**
        Calle Mayor 54-56
        31001 Iruñea-Pamplona
        editorial@katakrak.net
        www.katakrak.net
        @katakrak54

ISBN: 978-84-16946-96-9

Depósito legal: NA 697-2024

Impresión: Gráficas Alzate

ÍNDICE

NOTA DE LA EDITORIAL

¿Dónde está la clase para sí? En los cuerpos conscientes de que su exclusión responde a la violencia extrema de un capital siempre necesitado de chivos expiatorios; en quienes son capaces de entender que el estigma que les acompaña es producto de la alienación de las clases subalternas y no de su otredad. En esos bordes desamparados se adquiere conciencia de la necesidad de cambiar el mundo, sin contemplaciones, sin estaciones intermedias. Porque solo el cumplimiento de un programa de máximos garantiza la supervivencia a los sectores desposeídos.

Las trabajadoras trans, señaladas como escoria social, y también catalogadas como pobres, enfermas o delincuentes, no solo no son la parte monstruosa del lumpenproletariado, sino que en sus luchas colectivas encarnan, con mucha más claridad y determinación que otros colectivos, la búsqueda y experimentación de procesos y objetivos revolucionarios. Las demandas subversivas de su programa político impugnan abiertamente la sociedad de clases, porque como manifiestan con reiteración, no hay sitio para ellas ni en el capitalismo ni en el patriarcado.

Las feministas de clase media las humillan, las periodistas las criminalizan, las juezas las encarcelan, los medicamentos las enferman, las policías las golpean, los acomplejados las violan, los resentidos las asesinan, gran parte de las activistas sociales las maltrata con su silencio cómplice y con su escandalosa falta de solidaridad. No hay piedad con las mujeres trans que venden su cuerpo a cambio de renta, de nada les sirve pertenecer a la clase trabajadora. La violencia global que sufren, es tan persistente y homogénea, tan cruel, que las aboca a decantarse en el viejo dilema de anticapitalismo o barbarie y, una vez tomada la decisión de resistirse a su exterminio, a organizarse para ello.

Al otro lado de la barricada, las narrativas burguesas estetizan biografías individuales con tacones, pelucas y purpurina obviando la voluntad de resistencia y de organizarse, y los increíbles umbrales de sufrimiento necesarios para permanecer en la memoria, para sostenerse unas a otras en el día a día y para proyectarse a un futuro alegre y victorioso. Porque, como insiste Miss Major, no hay que insistir en las proclamas victimistas ni recrearse en las texturas de la oscuridad: lo que debe ocuparnos es construir un común durante toda la vida, a sabiendas de que la mera reivindicación de la existencia es tan poderosa, y supone una impugnación tan radical al patriarcado y al capital, que la violencia que sufrirán será implacable.

Ellas son chicas fuertes que no caen en la autocompasión. Es posible que mientras ojeas estas líneas en una librería con plantas y láminas de fotografías, una mujer trans que trabaja en la calle tema por su vida al subirse a un coche, o que esté siendo torturada con saña en una habitación de ninguna parte, o que acabe de ser acorralada por una manada de cobardes en un callejón y quizás no llegue a despertarse de la paliza. Sin embargo, su elección, la que tomaron hace tiempo, es tan difícil, tan dolorosa, requiere de tanto arrojo, que no piensan retroceder. Y, además, nos dicen, nos señalan, que nuestro silencio no es una opción, que del mismo modo que ellas comparten luchas con migrantes, minorías sexuales y cuerpos precarizados, tienen menos posibilidades de ganar cuando se enfrentan solas a quien quiere exterminarlas.

Pamplona-Iruñea
Abril de 2024

PRÓLOGO.
¿QUIÉN DEBE TOMAR LA PALABRA?

Tan sólo un año después de que los estudiantes franceses comprobaran que bajo los adoquines estaba la playa, las trans y travestis de Greenwich Village cogieron esas mismas piedras para lanzárselas a la policía. «Yo sólo sé que esa noche vinieron y nadie aflojó», nos cuenta Miss Major en la larga entrevista que estamos a punto de descubrir. En el verano de 1969, en el bar Stonewall Inn, un grupo humano se organizó sin mediar palabra, para enfrentarse por una vez a la violencia del Estado, y para ser dueños de sus propias vidas.

Pocas veces los sujetos queer deciden abandonar voluntariamente el espacio de las sombras que habitan para irrumpir en el mundo normativo. Aquella noche fue uno de esos momentos en los que se hace añicos el pacto no escrito mediante el cual individuos y monstruos reconocen las fronteras de sus respectivos espacios. En las revueltas de Stonewall, los seres subversivos, extraños e incomprensibles decidieron que los ataques a su identidad debían llegar a su fin: saltaron la valla e invadieron el Estado occidental. Y más allá de los mitos que generan conatos revolucionarios como aquel, aquí lo relevante es que la grieta que excavaron aquellos monstruos vino a subvertir irreversiblemente el espacio de lo real.

Los mitos fundacionales sirven para modelar subjetividades concretas, y el caso de Stonewall es uno de ellos. En todas las marchas mundiales que se celebran cada 28 de junio —en el día del Orgullo— se invoca recurrentemente a ese pasado mítico en el que un grupo humano se impone a los golpes y el ostracismo. Es el mito que, bajo la etiqueta Pride®, ha servido de palanca para transformar la lucha en una vía de acumulación de capital, en un emporio económico altamente lucrativo. Lo que hace cincuenta años fue un estallido de resistencia, es ahora el lugar de celebración del triunfo de la mercantilización de la identidad. En este mundo de crisis perpetua, abocado a la última Gran Guerra por venir y con el cronómetro del colapso cada vez más acelerado, los sujetos queer han logrado aquello que se propusieron hace ahora treinta años: ser integrados en el espacio normativo y convertirse en ciudadanos de pleno derecho. Se ha alcanzado la emancipación a través de la asimilación. ¡Viva la nación queer!

• • •

La situación del colectivo LGTB en el Estado español es transparente. Los sujetos queer forman parte del mainstream, participando en los espacios de representación pública y con una visibilidad que parece no haber tocado techo. La violencia es escasa, siendo este uno de los países en los que la elegetebifobia resulta casi anecdótica. Desde la aprobación del matrimonio igualitario en 2005 por parte de la izquierda socialista, los individuos LGTB han sido reconocidos como ciudadanos de bien y forman parte de la cadena estructural del Estado. Las aspiraciones de la persona queer media en España pasan por la vinculación y creación de la unidad familiar propia, la obtención de una vivienda a través de la hipoteca, el traspaso de la misma a sus sucesores a través de la herencia, la manutención del grupo mediante el trabajo funcionarial o las profesiones liberales, la titulación universitaria, la generación de deuda con el Estado, o la reinterpretación de los símbolos y tradiciones en una vinculación romántica con la Nación. En resumen, el movimiento LGTB ha devenido clase media y ahora es un engranaje más en las variables de desarrollo, tanto socialdemócratas como neoliberales.

Con los movimientos sociales paralizados y fracturados en espacios políticos identitarios, la palabra está capturada por una de las castas de la modernidad: los ciudadanos ejemplares e influyentes, un verdadero ejército de comentaristas y opinólogos que, como los técnicos del Estado, acaparan el discurso de los sujetos queer. Son los profesionales de colocarse ante la cámara o escribir tuits, que le cuentan al mundo las verdades de una comunidad queer a la que no pertenecen sus voces individualizadas e individualizadoras. El movimiento LGTB se ha integrado en el sistema a cambio de visibilidad, reconocimiento y derechos, unas modestas prebendas que son el premio de consolación para poder formar parte de una sociedad normativa que ahora funciona mejor gracias a que incorpora monstruos que han pasado de aterrorizar a resultar fascinantes: ¡más sacos de órganos para sostener el Estado-nación, el Parlamento y los nacionalismos del territorio! Por eso ahora toman la palabra hordas de *influencers* en vez de Miss Major y amigas, porque se ha abandonado la colectividad, principal herramienta de las transmaribibolleras de antaño. Han triunfado el individualismo y una composición del sujeto aislado del grupo. Los sujetos queer han sido absorbidos para la recomposición de las sociedades en esta fase de la modernidad.

• • •

Entonces, ¿qué hay de relevante en que Miss Major tome la palabra? ¿Quién querría escuchar las batallitas de una vieja negra que desmitifican lo ocurrido en las calles aledañas al Stonewall Inn? ¿Por qué amargarse con alguien que nos impulsa a salir a protestar? ¿Qué le pasa a esta señora, por qué no se contenta con las victorias que, en materia de derechos sociales y humanos, ha logrado el colectivo LGTB?

Aunque la pregunta verdaderamente importante sería: ¿quién debe tomar la palabra? Estamos obligadas a decidir. Debemos escoger cuidadosamente las voces que queremos que nos guíen en las luchas del futuro, abocadas como estamos a un ciclo político que dejará atrás el mundo que hemos conocido....

Miss Major y sus amigas no se enfrentaron a la policía para que sus herederas políticas tejieran alianzas con un mundo al que nunca han pertenecido; no abrieron una brecha para esto, no pretendían formar parte de ese juego. Miss Major y amigas no se adentraron en el mundo de la norma para que cincuenta años después la norma las acabara engullendo.

«La cuestión es distinguir si en realidad estamos ayudando al sistema y congraciándonos con él haciendo pequeños retoques en los márgenes, o si vamos a intentar librarnos de él por completo». Ahí está la verdadera potencia de las subjetividades queer. Eso es lo que va a aprender Miss Major en cada uno de sus encarcelamientos y durante la creación constante de comunidades entre afines. El apoyo mutuo y la solidaridad de los sujetos monstruosos es lo que genera la posibilidad de emanciparse de un mundo para el que nunca han sido necesarios, hasta que el Capital ha entrado en una nueva fase de acumulación donde le son útiles. Lo colectivo es aquello que no sólo nos sostiene en los márgenes sino que nos permite trazar una línea de fuga a toda velocidad que nos lleve a construir otros mundos posibles. Quizás otros mundos de mierda, sí, porque el mundo nunca es sencillo, pero por lo menos con la vista puesta en que habrá grupos de afecto político que serán capaces de sostenerse sin imposiciones de ningún tipo.

Si realmente quiere mantener vivo el espíritu de contrapoder que la ha caracterizado, la colectividad queer debe asumirse como monstruo, debe romper con los lazos interpuestos por la asimilación y el homonacionalismo. Es un movimiento que va a costar, pero ahí están los tejidos comunitarios para sobrellevar ese viraje. Porque, si realmente se quiere romper con la norma y reapropiarse de un cuerpo disidente, si se quiere encarnar verdaderamente la disidencia y que esta no sea una condición otorgada por un otro superior, hay que poner fin a los modos de vida que dicta la propia norma. La falsa comodidad que aseguran casa, familia, trabajo y estudios debe ser un espino molesto que haga removerse a los sujetos queer, que les hurgue en la herida hasta que lo arranquen de sus vidas. ¡Que se llene el cuerpo de pústulas y abscesos si hace falta, para eso es una monstruosidad! «¿Por qué las personas prefieren que las acepte el Gobierno que creó este sistema en lugar de aceptarse ellas mismas?»

Las cárceles del mundo están llenas de sujetos queer, que son todos aquellos marginalizados, pobres, raros o peligrosos que, bajo el paradigma Estado-nación, no tienen derecho a la libre circulación por la amenaza que suponen. No son queer porque tengan un sexo-género distinto al normado, porque queer son también las putas, los yonkis, los chaperos, los ladrones, las trabajadoras explotadas, las migrantes, las locas, los mendigos, los vagabundos. Las cárceles están pobladas de toda una sombra queer. ¿Para qué seguir manteniendo el sistema carcelario cuando deberíamos estar derribando los muros y saltando las vallas y desapareciendo en los confines de la normatividad, yendo hacia ese lugar más allá de lo oscuro, donde nos aguardan otros mundos, donde podremos conformar otras comunidades.

Cuando los *influencers* toman la palabra, los monstruos deben gritar. Es necesario lanzar un aullido terrorífico que calle esas voces que dictan quién pertenece y quién no al lugar de lo queer. ¡Que se queden ellos con la identidad! ¡Que se queden con los desfiles, las banderas arcoiris, los hoteles de lujo, el Imperio de Chueca y la financiación al ejército israelí! ¿Para que querríamos una identidad que nos dicta qué y qué no podemos ser y que nos individualiza y nos aleja de las nuestras, con las que nos componemos y con las que podemos hacer que nuestra vida merezca la pena ser vivida? ¿Por qué alguien querría someterse a una identidad, que es lo más parecido al desarraigo y la hostilidad? Violencia es asumir que un Estado-nación dicte a través de la administración de justicia lo que una misma puede ser, la mentira del buen ciudadano.

Hay que volver a la noche y a la sombra, más allá de los límites conocidos. Es necesario recuperar lo sucio, lo abyecto, lo que apesta, la cloaca. Hay que salir del mundo de las pantallas brillantes que atrapan en un discurso tras otro tras otro tras otro que no nos interpela, que no nos dice nada, que habla un idioma que no es el nuestro y que tampoco queremos entender. Sería preciso —y precioso— volver a ese cuerpo que causa terror, a esos cuerpos queer de los años noventa, infectados, enfermos, bombas de carne lanzadas contra el sistema de salud pública. Y si lo relevante era lo afectivo–sexual, volver al cruising, a los parques, al deseo encarnado, a lo impúdico. Subvertir todos y cada uno de los parámetros dictados y romper una vez más, ahora al borde del tiempo, en este colapso que se aproxima. Si Miss Major no toma la palabra, que ladren las perras desposeídas del mundo.

Charlie Moya Gómez
Madrid, marzo de 2024

INTRODUCCIÓN

Major volvió a Hyde Park a vivir con sus padres; los quería, a pesar de sus repetidos intentos de sacarle a golpes la reina que llevaba dentro. Una vez al mes, se aventuraba por una empinada ruta de tres horas hasta Riverview, un parque de atracciones de la zona norte, donde compraba hormonas a un camello que despachaba debajo de una destartalada montaña rusa de madera. Antes de que Major cumpliese los veinte, su madre anunció que Chicago no era lo suficientemente grande para las dos, así que Major y una amiga robaron un coche y pusieron rumbo a Nueva York. Tenían tantas ganas de largarse que un policía las paró por exceso de velocidad sin haber siquiera salido de la ciudad; Major acabó pasando seis meses en prisión. Pero su intención de marcharse de Chicago no disminuyó; desde la cárcel, encargó a su hermana pequeña, Cookie, que recaudase dinero en su nombre para un billete de autobús a Nueva York. Cookie no solía desaprovechar la ocasión de chivarse de Major cuando ponía a prueba la arbitrariedad de los límites sociales, como sus primeras incursiones en la colección de zapatos de su madre, pero expió sus anteriores pecados dándole el dinero para el viaje en autobús.

Cuando llegó a Nueva York, Major llamó a su tía, gerente en el Hospital Goldwater Memorial de Roosevelt Island, para pedirle trabajo. Su tía Alfa le impuso una exigencia: Major tendría que usar otro apellido, Rodriguez, para que la gente no pensase que su tía le había hecho un favor «al marica de su sobrino». Major aguantó seis meses en la morgue, pero la experiencia no fue en vano, porque con tanto cadáver acabó haciéndose una experta en maquillaje. Sin embargo, ella no había ido Nueva York a ser maquilladora: quería ser artista.

En el Teatro Apollo había un conocido espectáculo drag llamado Jewel Box Revue, que Major había visto por primera vez en Chicago en una de sus giras por todo el país. En los carteles se prometía el «delirio más fascinante del mundo», con la actuación de «25 hombres y una mujer». Durante la semana que estuvo en cartel en Chicago, Major se puso «sus trapos» y se paseó por la entrada de artistas hasta que conoció al director de escena y se las arregló para que la incluyeran en el elenco como suplente cuando uno de los artistas habituales se puso enfermo. En Nueva York volvió a unirse al reparto.

Las mujeres trans, sobre todo las negras, siguen teniendo muy pocas opciones para ganarse la vida con un sueldo digno. Las funciones del Apollo no daban para vivir, pero el trabajo sexual sí, como enseguida descubrió Major gracias a otras artistas del Jewel Box. Con una noche haciendo las avenidas del Bajo Manhattan se pagaban las facturas más rápido que sumando lo que ganaba en los espectáculos drag y en la morgue.

Major aprendió a detectar a los secretas y afinó aún más su habilidad para destilar encanto por los cuatro costados cuando se paseaba entre los distintos grupos sociales que reclamaban el territorio de las avenidas y entre todo tipo de clientes. Una vez, un cliente de Albany, legislador del estado, llevó a Major y a otra amiga en helicóptero a la capital estatal y por esa sola noche completa sacó lo que solía ganar en un mes normal haciendo la calle.

Los peores clientes eran los policías, que no pagaban con dinero, sino con menos detenciones. La energía que requería quitarse de encima a un madero solía ser mejor que la alternativa: pasar tiempo entre rejas de algún tipo. Cuando la detenían, Major salía del coche patrulla con magulladuras en las muñecas por la presión de las esposas y con la frente inflamada por el impacto con la puerta del coche cuando la empujaban adentro. Normalmente, el viaje acababa con una estancia de entre una y cinco noches en el calabozo del distrito más cercano, como cuando la dejaron inconsciente y la metieron en un furgón policial durante los disturbios de 1969 contra la redada del Stonewall Inn. Incluso en una época en la que las reinas eran las dueñas del West Village, el Stonewall era uno de los pocos bares de ambiente del barrio en el que los gays y las lesbianas, que muchas veces trataban a las chicas igual de mal que los demás, no echaban sin miramientos a las personas trans. Por aquel entonces, la mayoría de los bares de ambiente de Nueva York eran de mafiosos que los mantenían abiertos untando a la policía y a sus brigadas antivicio. Aun así, las redadas eran habituales y para Major, que seguramente sea la superviviente veterana más conocida de la rebelión de Stonewall, una noche de encontronazos con la policía era «otro día más en la oficina».

Otras veces, el coche patrulla paraba en el Hospital Bellevue, un psiquiátrico que hacía de vertedero para las chicas en los 60, cuando Major tenía veintitantos años. El «pabellón de los locos» del hospital era el antecesor de los «hospitales» de máxima seguridad e ingreso forzoso por orden judicial, en los que se retiene indefinidamente a la mayoría de los «pacientes» bajo la amenaza del uso de la fuerza por parte de los guardias, con muros rematados por alambre de espino y la tecnología de vigilancia más avanzada. Los psicólogos de Bellevue ejercían su propia labor policial, imponiendo las leyes antiqueer del Gobierno y controlando la libertad de sus pacientes. Major y las chicas, igual que en la calle se ayudaban y se avisaban cuando venía la policía, compartían las palabras y expresiones faciales concretas con las que podían granjearse la simpatía de los loqueros y las enfermeras de Bellevue. Uno de esos trucos era recitar mentalmente los títulos de todos los libros de la estantería del médico cuando te enchufaba los genitales a un pletismógrafo, un aparato acientífico que todavía se usa en algunos estados para determinar la sexualidad de una persona analizando su flujo sanguíneo cuando le enseñan imágenes eróticas.

Cuando el trabajo sexual y el *playback* del Jewel Box y otros espectáculos no daban para vivir, Major hacía otros trabajillos, como conducir un taxi a tiempo parcial durante el día. Si te ha llevado en coche, sabrás que su forma de conducir rápido y bajo presión no tiene nada que envidiar a la de cualquier especialista de Hollywood, cosa que no le vendría nada mal un par de años después, cuando se juntó con un tío, Tex, y se marcaron su particular versión de Bonnie y Clyde por los pueblos del norte del estado de Nueva York. Tex sabía mucho de abrir cajas fuertes, pero además era bastante más alto que la media, más alto que los tíos bajitos con los que suele salir Major, y alguien lo reconoció por su altura después de otra escapada similar con una antigua novia. Después de intentar escapar de la policía del estado de Nueva York a 150 km/h, Major acabó estampándose con un camión petrolero y pasó cinco años encerrada en una localidad cerca de la frontera con Canadá.

Las prisiones necesitan los cuerpos de personas marginalizados para justificar su existencia y su expansión, así que en los años 90 dedicaron mucho dinero a buscar palabras que les hicieran parecer menos tóxicas. Al ver que la opinión pública reaccionaba bien ante palabras como «rehabilitación» y «tratamiento», en las prisiones se dedicaron a contratar arquitectos y diseñadores para proyectar entornos penitenciarios «más amables, más agradables», con alas específicas para las personas trans. Crearon «cárceles de salud mental» y «centros de justicia de salud conductual» donde la policía pudiera amontonar a personas sin hogar, con discapacidad y con problemas de adicciones sin decirles cuándo saldrían de allí. Pero la prisión, y sobre todo los pozos de locura y la atomización y narcotización del espíritu que suponen las celdas de aislamiento donde suelen meter a las chicas trans, no son lugar para la rehabilitación. Por lo general, este tipo de lavados de cara no hacían más que aumentar la brutalidad de las prisiones; por ejemplo, en el Centro Penitenciario de Attica, y después de la rebelión de 1971, instalaron en el comedor un sistema para echar gas lacrimógeno en caso de futuros disturbios. Se han suspendido muchos programas para sacarse el graduado escolar y la lista de libros y revistas censuradas no deja de crecer; así intentan evitar que la gente se organice. Las celdas de las prisiones están hasta arriba de personas negras, de piel oscura, pobres y con discapacidad, y las mujeres trans negras, que suelen situarse en la intersección de todas estas identidades, son el grupo más sobrerrepresentado entre rejas. Según un estudio del Centro Nacional sobre Derechos Transgénero y del Grupo Nacional de Trabajo LGBTQ, casi la mitad de las mujeres trans negras de Estados Unidos han pasado por la cárcel. Una vez dentro, el índice de abusos que sufren es altísimo. El colectivo Black & Pink por la abolición de las prisiones encuestó a 1100 personas queer y trans encerradas y una de cada tres refirió haber sido agredida por el personal de la prisión. Grupos como Black & Pink y el Transgender, Gender Variant, and Intersex Justice Project (TGIJP) [Proyecto por la Justicia para las Personas Trans, con Divergencias de Género e Intersex] ya se han dado a conocer en el sistema, así que el sistema se ve obligado a emplear medios cada vez más taimados para disfrazar sus abusos.

Major conocía de cerca el sistema industrial penitenciario mucho antes de que la encarcelasen en Nueva York. Todavía era adolescente cuando vio cómo la policía de Chicago y los guardias de la cárcel del condado de Cook parecían apretar las esposas con más ganas cuando detenían a una persona negra o trans. Y conocía aún mejor el brazo medicalizado del sistema y toda la serie de antesalas cerradas con llave que conformaban la vieja ala psiquiátrica de Bellevue. Pero la temporada que pasó en Nueva York fue sin duda una época de politización. «Nunca me tuve a mí misma por una persona política», explica Major, hasta que conoció a Frank «Big Black» Smith, uno de los instigadores de la rebelión de Attica. Encerrados en el ala de aislamiento del Centro Penitenciario Clinton en Dannemora (Nueva York), Black y Major acabaron forjando su amistad a través de las paredes de la celda; bajo la guía de Black, Major empezó a poner en orden sus pensamientos sobre el poder y la opresión, y también su forma de concebir las prisiones como una extensión retorcida de la esclavitud. Black le hizo ver con más claridad los sistemas globales que explicaban por qué las localidades con prisiones, como Dannemora, funcionaban como ciudades en torno a una gran empresa. En Detroit y el sur de Los Ángeles, los ricos se hacían más ricos untando a los políticos y atrayendo a los trabajadores a las empresas automovilísticas y de fabricación de misiles, respectivamente; de la misma manera, en las ciudades con cárcel, la prisión se convertía en una industria esencial de sustento atractiva para los locales que buscaban trabajo y encontraban en la industria penitenciaria una forma de vida.

Black y Major hablaron del liderazgo que ella podía ejercer entre las chicas trans, de cómo podía animarlas a saber más sobre su opresión y combatirla. La ayudó a entender la importancia de los modelos de conducta y de los compañeros para «cambiar el *statu quo* y hacer que la vida de los que mandan fuera un puto suplicio». Cuando la soltaron, Major transmitió todas esas conversaciones a las chicas en Nueva York y después en San Diego, en la zona de la Bahía de San Francisco y en Little Rock. Les hizo entender a algunas de las chicas que el trabajo no suele ser más que un medio para conseguir un fin. A veces, toparse con un poli que te invita a chupársela para dejarte en la calle es como hacer horas extra. Pero hay días que estás cansada, ya pasas de todo, no quieres estropearte el pintalabios y no puedes evitar que te detengan. «Si eres una persona trans negra, es imposible que cumplas más de 70 años sin haber infringido alguna ley», afirma Major. Las leyes se redactaron al servicio de un pequeño grupo de personas del escalón más alto de la jerarquía social, cuyo poder procede del control de las personas de los peldaños inferiores.

Major salió de Dannemora como casi todos los internos después de pasar unos años dentro: prácticamente sin dinero y sin apoyo. Le costó un par de años recuperarse, pero a finales de los 70, cuando se impuso brutalmente el silencio en las metrópolis gays, se dedicó a llevar a la práctica el despertar político que había vivido en prisión. Era el comienzo de la crisis del VIH y del sida, lo que sumió en el silencio las saunas, los bares y los movimientos de liberación sexual, que ya estaban muy asediados por el Gobierno. El FBI, la CIA y los distintos departamentos de policía se infiltraron en grupos antiguerra, proderechos de los trabajadores, antirracistas o provivienda para todos, con el objetivo de desestabilizarlos. Los líderes como Big Black fueron objeto de vigilancia, los encarcelaron y a veces incluso los asesinaron.

El movimiento de liberación homosexual continuó excluyendo a las personas trans mientras Major estuvo encerrada, pero cuando las zonas gays como Chelsea y Castro se fueron convirtiendo en barrios fantasma, Major puso en práctica parte de lo que había aprendido con Big Black. A las personas con VIH no se las atendía o, cuando se hacía, se las trataba como si fueran apestadas diabólicas, así que Major reunió a algunas chicas trans para formar el colectivo «Ángeles del Cuidado» y que actuasen como enfermeras, aunque no tuvieran titulación formal. Las chicas que se ganaban la vida prostituyéndose no solo se enfrentaban a un riesgo muy alto de contagiarse en su trabajo, también estaban perdiendo clientes porque la enfermedad se los llevaba y por miedo al virus. El trabajo «legítimo» de cuidados era una forma de ganar algo de dinero y era una ayuda para los hombres gays con VIH de los que se ocupaban. Los familiares de los pacientes solían tener tanto miedo que no pasaban de la puerta, pero podían permitirse pagar a las chicas para que los lavasen cuidadosamente, los escuchasen a modo de terapia para disipar la depresión que asolaba a toda la comunidad y, a veces, los distrajesen de ese horror con una buena paja.

A finales de los 70, Major conoció a una mujer llamada Debbie y tuvo con ella un hijo biológico, Christopher, que todavía la llama «papá». En las fotos que se conservan de esa época, se ve a Major con trajes de *tweed* de corte masculino. Su expresión de género y la relación relativamente tradicional que mantenía le hicieron perder algunas amigas, que lo consideraban una traición a su identidad trans. Sin embargo, Major y Debbie no eran almas gemelas. A principios de los 80, cuando Christopher empezó a decir sus primeras palabras, la relación entre Major y Debbie se había deteriorado tanto que no volvieron a hablar hasta 24 años después, cuando el equipo de producción del documental sobre la vida de Major les organizó un reencuentro. Los padres de Major fueron los que peor se tomaron la ruptura, porque la relación con Debbie había reforzado la ilusoria idea que mantenían desde la infancia de Major: que sus disidencias de género no eran más que una larga fase que había que pasar.

La relación con Debbie había terminado y todas las personas que le interesaban en Nueva York seguían sin recuperarse del impacto del virus. Ese impacto se fue haciendo cada vez más profundo a medida que las distintas partes de la ciudad se fueron volviendo irreconocibles: el efecto combinado y superpuesto de la política local, las fuerzas del orden, los magnates inmobiliarios y los banqueros de Wall Street despojó a New York de sus puntos de referencia queer y lo fue llenando de apartamentos y oficinas. La «renovación urbana», como la llamaba la clase gentrificadora, se llevó por delante puntos emblemáticos de *cruising* como los cines para adultos de Times Square y los muelles de Chelsea, donde la activista Sylvia Rivera pasó sus últimos años viviendo en la calle. La piromanía inmobiliaria se volvió muy popular entre los propietarios de viviendas, que estaban muy dispuestos a sacrificar a inquilinos con bajos ingresos para hacer frente a las leyes de control del alquiler, así que no era raro que los apartamentos y las vidas de sus inquilinos salieran ardiendo. Cada vez que pasamos en coche por el Village, a Major se le llenan los ojos de lágrimas. La segunda vez que pasó, empecé a pedir a los taxistas que evitasen el Lower West Side cuando fuera posible.

Major pasó los siguientes 25 años de su vida en California, entre San Diego y la zona de la Bahía de San Francisco. El cuidado de personas con VIH/sida era uno de los pocos ámbitos laborales de economía no sumergida en los que las personas abiertamente trans tenían alguna posibilidad. En San Diego formó otro grupo de Ángeles del Cuidado y en San Francisco se dedicó a conducir la furgoneta más polémica de la ciudad: el primer punto móvil de intercambio de agujas. El intercambio de agujas salva la vida de las personas con pocos ingresos, así que, como es lógico, a las asociaciones de vecinos que representaban a los propietarios de viviendas no les gustaba, ni tampoco a la empresa de lejía Clorox, porque a sus ejecutivos les molestaba que su producto insignia se asociara a los programas de prevención del VIH. Major trabajaba sobre todo donde se movían sus chicas: en el barrio céntrico de Tenderloin, una zona (relativamente) segura para las mujeres trans y las personas no binarias. Allí vivían muchas reinonas y personas del espectro queer que mantenían a flote los casi 40 puntos de encuentro de la comunidad, como locales de alterne, clubs de la cultura *leather* e imprentas activistas que echaban humo imprimiendo boletines y carteles adhesivos.

Los que mandan llevaban tiempo atacando el Tenderloin con diversas estrategias; la industria inmobiliaria, el Ayuntamiento y las asociaciones de vecinos no paraban de intentar gentrificar ese barrio y también los barrios vecinos de Polk Gulch y South of Market. Se derribaron los apartamentos de alquiler social y los hoteles de estancia individual a largo plazo para personas de bajos ingresos, construidos tras el terremoto y los posteriores incendios de 1905 que redujeron a cenizas gran parte de la ciudad, y los sustituyeron por edificios de acero de aspecto envejecido o vidrio de visión unilateral en tonos oscuros, presidenciales, para adaptarse al gusto de los recién llegados, acostumbrados a la tranquilidad impuesta de los barrios adinerados de las afueras. Habían pasado 30 años de los disturbios de Stonewall, pero las chicas seguían acabando en el hospital por palizas y la policía seguía dejándolas tiradas en una de las siete prisiones operativas del condado de San Francisco o en «soluciones temporales de vivienda para personas sin recursos» con altas medidas de seguridad. En el Tenderloin, esas soluciones de vivienda temporal las gestionaba Geo Group, un conglomerado privado de empresas penitenciarias que tenía la sede en el mismo local donde se produjo la rebelión antipolicial de la cafetería Compton, encabezada por personas trans, tres años antes de Stonewall. Del mismo modo que la élite neoyorquina se refería a las avenidas, las clases dirigentes de San Francisco hablaban del Tenderloin como si fuera uno de los círculos inferiores del infierno, pero algunos de sus miembros también eran clientes habituales de las trabajadoras sexuales, los camellos y los bares de la zona.

El sida se estaba volviendo una «enfermedad crónica y tratable» para las personas que podían acceder a los medicamentos patentados por unas pocas farmacéuticas, pero, para las chicas de Major, la consulta del médico seguía siendo igual de hostil, incluso en San Francisco. Major empezó a trabajar en el Centro de Recursos para el Sida del Tenderloin (TARC), una organización sin ánimo de lucro situada en la primera planta de un edificio de ladrillo en pleno centro del barrio. Se hizo con el apartamento vacío contiguo a la oficina y lo convirtió en un centro de acogida 24 horas llamado GiGi's Place, y luego dio los primeros mazazos para echar abajo el tabique que separaba ambos espacios. Técnicamente, GiGi's Place formaba parte de la clínica, pero al verlo nadie lo diría. Major llevó un par de sofás de la casa de East Bay donde vivía con Christopher y con su padre, que estaba jubilado, se había quedado viudo y aseguraba que se había mudado de Chicago a la costa oeste para cuidar de Christopher. Tanto si había aceptado que Major no se ajustaba a los patrones de género estándar como si no, sin duda había asumido que no tenía ninguna posibilidad de cambiarla. El objetivo de los sofás era que las chicas se sintieran como en casa en GiGi's Place, porque a la mayoría las habían echado de sus hogares por ser trans. Después de los sofás llegaron los espejos; las chicas que se pasaban la noche haciendo la calle en el Tenderloin podían usarlos para arreglarse, pintarse y ayudar a otras a hacer lo mismo, como Major había hecho con sus chicas de Nueva York.

Al director ejecutivo del TARC, gay y blanco, la visión de Major le parecía demasiado radical —aunque fueran necesarios actos radicales para ralentizar la infección y la muerte de tantas personas queer y trans— y trató de lastrar los esfuerzos de Major con GiGi's Place. Con la ayuda de Smitty, la recepcionista del TARC y compañera de trabajo y de fatigas, Major comenzó a idear un plan para que el director se marchara. Smitty empezó trabajar en el TARC cuando la despidieron de la organización sin ánimo de lucro mejor financiada de la ciudad, la Fundación contra el Sida de San Francisco, por intentar unirse a un sindicato. A mediados de los 90, la Fundación la dirigían hombres gays blancos y con dinero que celebraban galas en honor de farmacéuticas como Gilead Sciences, dedicadas al negocio del tratamiento de mantenimiento contra el VIH; a muchos políticos de la ciudad les encantaba presentarse en estos eventos para ganarse a los invitados gays y su dinero. En el TARC, Smitty ayudó a Major a organizar a los miembros del personal que estaban dispuestos a perder su empleo con tal de evitar que la clínica siguiera el modelo corporativo e inaccesible de la Fundación contra el Sida, que dedicaba cada vez más recursos a las entregas de premios para hacer los honores de políticos que se aprovechaban de la comunidad a cambio de credibilidad liberal. En una reunión de personal, Major se puso en pie y le dijo al director ejecutivo del TARC que estaba dejando de lado su misión de ayudar a quienes vivían en el Tenderloin. «La gente está empezando a ponerse nerviosa...». Smitty y Major consiguieron lo que se proponían; para cuando GiGi's Place celebró el primer mes desde su inauguración, el director ejecutivo del TARC ya había presentado su dimisión a la Junta.

Cuando yo aparecí como una diminuta mota de polvo cósmico en la galaxia de Major, ella ya era todo un icono en las capitales queer de ambas costas, en Nueva York y en la Bahía. Fue en 2010. Yo vivía en San Francisco, donde sacaba dinero para poder dedicarme a escribir paseando los perros de homosexuales que trabajaban en la industria tecnológica y vendiendo falsificaciones de bolsos de diseño en eBay. Solía echarme a llorar en cualquier momento cuando pensaba en el futuro del mundo y luego me sumía en un segundo ataque de llanto por permitirme siquiera sentirme triste; mi vida parecía una puta maravilla si la comparaba con la de los demás, sobre todo con la de las personas que vivían en las zonas a las que el Gobierno de Obama estaba enviando drones para bombardear hospitales y colegios.

Las benzodiazepinas y los opiáceos me ayudaban a mantener el llanto a raya y, bueno, al fin y al cabo estaba en San Francisco, donde no hace falta pasar un año en lista de espera para ver a un terapeuta gratis. Los internos del colectivo de terapia queer del barrio de Castro hacían gala de sus capacidades de escucha activa mientras dedicaba los 50 minutos semanales que me correspondían a tratar de convencerlos de que todo el mundo tendría que estar más preocupado de lo que estaba. Tenía pruebas de sobra: los incendios forestales, las pandemias, los drones que se diseñaban a escasos kilómetros, en Silicon Valley, los trabajadores esclavizados del Congo que extraían metales para esos drones, los trabajadores explotados en talleres de Shenzhen que los fabricaban y todas las personas atacadas o por las que se guardaba duelo cuando Estados Unidos enviaba esos drones a Siria y Yemen. Yo avisaba: esos putos robots no iban a tardar en llegar a la Bahía; las personas a las que yo quería, que no querían formar parte de esa sociedad que nos estaba convirtiendo en un vertedero lleno de piezas viejas de drones, no podían permitirse comprar búnkeres en Nueva Zelanda ante el apocalipsis inminente.

San Francisco es la ciudad del mundo con más multimillonarios per cápita, y aún hay más aspirantes a serlo que convencen a la ciudad para que gaste varios miles de millones de dólares al año en aterrorizar a cualquiera que no pueda permitirse vivir en las más de 40 000 viviendas propiedad de empresas inmobiliarias: se usan mangueras antiincendios para que las personas sin hogar no se queden en las aceras, se las encierra por el mero hecho de sentarse ahí y se confiscan y venden o tiran a la basura sus tiendas de campaña para que acaben integrándose en uno de los cinco montones de basura flotantes que se están formando en mitad de los océanos.

San Francisco es Roma al final del Imperio Romano y empecé a sentir que mis capacidades —como distinguir un Louis Vuitton real de una falsificación— no tenían sentido; las cosas que yo creía —que el mundo estaba a punto de terminar hiciese lo que hiciese— rayaban en el nihilismo. Major llegó a mi vida en un momento de bajón y tuvo el mismo efecto de reducción de daños que los cientos de blísteres de clonazepam indio que había comprado con bitcoins los dos años anteriores.

La primera vez que fui a su apartamento de North Oakland, Major estaba en diálisis, esperando la actualización de la vacuna contra la hepatitis B. Estaba envuelta en una manta de lana, demacrada como un fantasma. Pero aunque su salud estuviera apagada, ella resplandecía. Había escrito un breve perfil sobre ella para Truthout.org —una excusa para abrirme camino hasta su vida a través de la escritura— y, como había trabajado con varias de las hijas de Major en la zona de la Bahía, incluida Janetta, en una organización sin ánimo de lucro dirigida por personas trans en San Francisco, pasé la prueba de su confianza. Durante casi toda su vida, los encantos de Major habían hecho que no le costase encontrar gente que la ayudara gratis, pero a los 70, por primera vez, podía permitirse pagar a alguien para que le ayudase. Mi trabajo consistía en las labores típicas de cualquier asistente, como responder correos electrónicos y organizar su agenda. También conllevaba otras responsabilidades más extravagantes, como llevarles dinero en efectivo, cuando lo necesitaban, a sus chicas y a antiguos chaperos de la Bahía que se habían convertido en sus amigos; llevar batido de chocolate a su anciana vecina Rose a cambio de un montón de catálogos de venta por correo que todavía llegaban al apartamento en el que Major había vivido cinco años y ayudarla a salvar los restos de una colección de muñecas cuando el propietario del apartamento en el que vivía Kim, una de sus ahijadas trans, le prendió fuego para que se marchara.

Pasé años viajando con Major a los eventos en los que intervenía como oradora, donde una de mis tareas siempre era encontrar el banco más cercano, porque la mayoría de los cajeros automáticos de los hoteles tenían un límite de retirada de efectivo de 200 dólares al día. Me acostumbré a coincidir en el ascensor con chaperos y desde luego se vuelve mucho menos incómodo después de unos cuantos viajes. También me acostumbré a escuchar cómo Major se extasiaba cuando visitábamos la costa este, alguna de las ciudades más grandes donde hubiera restaurantes chinos con su comida favorita, sopa *wor wonton*; la bebía en las tazas extragrandes decoradas con palabrotas para las que siempre había hueco en su maleta de leopardo.

Publiqué una serie de entrevistas con Major un par de años antes de que el documental sobre su historia y alguna otra aparición en televisión aumentasen su popularidad fuera de ambas costas, cuando los grandes grupos mediáticos empezaron a vislumbrar los posibles beneficios de exponer a las personas trans a un público mucho más numeroso que la suma de todos los espectadores del Jewel Box Revue en sus 30 años en cartel. Tenía 70 años cuando le llegó la fama mundial, a ella y a unas pocas mujeres trans de color más. «Estamos de moda», afirma Major. Tal vez cueste recordar que las personas trans no llevan ni diez años apareciendo habitualmente en los medios de comunicación. Hasta hace nada, solo salían en las noticias si alguna moría e, incluso entonces, la historia solo se cubría si los detalles eran extraordinariamente impactantes, salvajes o truculentos. Ahora te puedes comprar camisetas y tazas con las palabras «Yo aprendí de Miss Major». Ella se toma muchas molestias para advertir a cualquiera de sus protegidos de lo fugaces y superficiales que pueden ser estas oleadas de representación. Nuestros mayores queer y trans han sobrevivido a una época mucho más oscura de lo que yo puedo concebir. He sentido la envidia de hombres gays más mayores que no tienen VIH ni sida, pero que sin duda acusan la carga que supone sobrevivir a semejante tragedia. Gracias a todas las experiencias a las que ha sobrevivido, Major hace que la gente más joven pueda concebir una vida que no esté condicionada por enfermedades ni por el abandono de las grandes empresas y del Gobierno.

Y la base política de estos mundos alternativos tampoco se construye a partir de las personas privilegiadas del colectivo LGBTQ+ cuya única aspiración es verse representadas en el sistema actual, esa gente que no suelta el micro cuando los medios se lo dan. Hay un número limitado de altavoces con capacidad para proyectar el discurso a gran volumen, y estas personas, que pretenden conservar el *statu quo,* proyectan sus propios valores en ese supuesto monolito llamado «comunidad LGBTQ», como si hablaran en nombre de todas las personas queer y trans. Muy pocas voces trascienden todo ese ruido.

Afortunadamente, una de esas voces es la de Major, que suele tener la capacidad de abrirse camino entre el ruido sin subir el volumen. Major flirtea y tú entras en su juego. Te cuenta una historia, la cosa se pone emotiva y antes de que te des cuenta un escalofrío recorre tu espalda.

Ha aparecido en varios mazos de cartas del tarot, cantaba en el primer coro de góspel del país formado íntegramente por personas trans, el de la Iglesia de la Ciudad del Refugio, antes de que la gentrificación expulsara a la congregación de San Francisco y la obligase a trasladarse a su sede actual, en una calle llena de hoteles de aeropuerto cerca del Oakland International.

El zumbido del motor de los aviones y el tráfico de la autovía evita que los nuevos vecinos llamen para quejarse del ruido del coro y de su querida organista, que toca con sus taconazos y sus larguísimas uñas.

Pese a toda esta trayectoria, Major insiste en que no es una persona espiritual; más bien, su intuición y su inconmensurable experiencia la han guiado hacia lugares seguros en muchas situaciones de vida o muerte. Su dedicación como mentora y madre la ha llevado a no comentar todas esas experiencias traumáticas con sus hijas, y ser una fuente de fortaleza para sus chicas la ha fortalecido también a ella, como sucede con ese árbol metafórico con unas raíces tan profundas que ninguna tormenta puede echarlo abajo aunque se bambolee con el viento o pierda las hojas. En los diez años que hace que la conozco, también se ha vuelto una figura materna y una mentora para mí.

Durante los años que precedieron al 50.º aniversario de la rebelión de Stonewall —una semana de disturbios contra la violencia policial que catalizó las luchas por la liberación de lesbianas, gays y trans—, reservé en su agenda apariciones en más de cien eventos y entrevistas de prensa. Al fin y al cabo, Major seguramente sea la persona más conocida de quienes participaron en Stonewall y siguen con vida. Sus descripciones de los años posteriores a Stonewall ofrecen un contraste muy drástico con los relatos dominantes y establecidos. Las organizaciones del Orgullo, las empresas, los grupos mediáticos y el Servicio de Parques Nacionales, que declaró el Stonewall Inn como primer monumento nacional LGBT en 2016, contaban una historia de progreso ininterrumpido: 50 años después del aclamadísimo origen de la liberación homosexual, el matrimonio homosexual y la admisión en el Ejército eran la prueba de que el movimiento había triunfado.

Eso era lo que los jefes de policía de Nueva York y San Francisco, los medios, los políticos y los aspirantes a políticos querían que contara Major. Si les damos el beneficio de la duda —y la historia nos muestra que no tenemos por qué hacerlo—, podemos atribuirlo a una cuestión básica de biografía y trayectoria vital: la mayoría de las personas que acaban ocupando puestos de liderazgo en los departamentos de policía, en despachos municipales o leyendo las noticias del teleprónter en la tele proceden de las clases dominantes, casi nunca de los estratos más bajos de la sociedad. No saben que los pabellones psiquiátricos, las prisiones, los calabozos y los centros de detención son como naves espaciales construidas por alienígenas parásitos, como explica Major en un vídeo contra la policía que vuelve a circular cada mes de junio. Pertenecen a una clase que ignora que estas instituciones se alimentan de mujeres trans de color y se hacen más y más grandes con cada chica que consumen. Las personas que dictan los relatos más populares y con mayores altavoces sobre lo que significa ser trans y estar viva no suelen ser trans. Tampoco saben que ser trans suele suponer que no te den casi ningún trabajo, dedicarse al trabajo sexual y otras formas de economía sumergida o esperar todo lo que haga falta para que te den una mesa concreta en un restaurante, una mesa desde la que se vea todo y que te brinde unos instantes extra para observar y reaccionar si alguien decide acercársete con hostilidad porque eres trans. Las organizaciones sin ánimo de lucro por los derechos homosexuales llevan años marcando las distancias respecto a las chicas trans; sin embargo, una vez conseguidos los asuntos donde había mucho dinero en juego, como el matrimonio homo-sexual y la revocación de la política de Clinton de «No preguntes, no lo cuentes»,[1] de repente se centraron en asuntos como la política del Pentágono sobre las personas trans en el servicio militar porque necesitaban justificar su existencia. Ninguna de estas cuestiones es especialmente acuciante si estás luchando por cubrir necesidades básicas como tener un sitio estable donde vivir. La gente con poder se guía por lo que dicen los «expertos» favorecidos por el sistema, como los asesores de diversidad o incluso a veces personas trans privilegiadas que se benefician de un orden social que se alimenta de sus capas más externas, de las personas en los márgenes.

«Las cosas han mejorado en cierto sentido, pero no estamos donde deberíamos estar —afirma Major—. Puede que hagan cambios pequeños por aquí y por allá, pero incluso en ese caso solo cambian las cosas para unas pocas. Y aquí tenemos que ser *todas o ninguna*». Y a veces los obstáculos para la liberación casi parecen liberadores, porque las personas en el vértice de la pirámide social cuentan con los engaños ilusorios, con la ignorancia y con nuestro agotamiento para mantenernos a raya, y así siguen yendo de fiesta en fiesta como si las llevaran en una cinta transportadora.

En general, el Estado aún sigue negándose, incluso a los niveles más básicos, a extender su protección a las mujeres trans expuestas a violencia. Recuerdo haber asistido a un evento en el sur de California don-

---

1   Política del Gobierno de Clinton respecto a la presencia de homosexuales en las fuerzas armadas de EE. UU. en vigor desde 1993 hasta 2011. En teoría, pretendía acabar con el veto a los homosexuales en el Ejército y evitar su discriminación y acoso, pero también se prohibió la declaración pública de homosexualidad por el riesgo moral que supondría [N. de la T.].

de Miss Major participó en una conversación con otras personas queer y trans partidarias de la abolición de las prisiones, incluida CeCe McDonald. CeCe acababa de salir de una prisión de Minesota hacía dos meses e iba a volver a trabajar en una cafetería de Mineápolis. Tenía 23 años cuando la atacó un grupo de borrachos que empezaron a seguirlas a ella y a sus amigas gritándoles insultos racistas y tránsfobos sin el menor atisbo de originalidad. Un tío cis con una esvástica tatuada le pegó un botellazo en la cara y, mientras CeCe luchaba por su vida, acabó con la del agresor. Cuando la policía la arrestó, su caso desencadenó todo un movimiento: su nombre se convirtió en un lema que condensaba en una sola palabra todo el análisis de la intersección de las formas de opresión y la necesidad política de la autodefensa. Por eso, cuando aparecieron grafitis con las palabras «Libertad para CeCe» en la cárcel de Mineápolis donde la retenían durante el juicio, otras personas en lugares tan lejanos como Francia y Japón escribieron el mismo mensaje en las instituciones de sus países que se ceban con las personas marginalizadas y vulnerables. La chica trans negra que se defendió frente a un grupo de supremacistas blancos acabó aceptando un trato para declararse culpable y tener una pena de «solo» dos años.

Así que no, las cosas no han cambiado lo suficiente, ni mucho menos.

A medida que el movimiento por la liberación trans gana impulso, aliados y poder, sus integrantes tienen que enfrentarse a la decisión de si alinearse o no con organizaciones sin ánimo de lucro y políticos de renombre que empiezan a darse cuenta de los beneficios que reporta incluir a mujeres trans negras —que es lo que toca ahora— en las redes de apoyo a su campaña. En 2020, el equipo de campaña de la candidatura presidencial de Elizabeth Warren se puso en contacto con figuras destacadas de círculos trans y queer para que mostrasen su apoyo público a la candidata y por primera vez contrataron a una mujer negra y trans declarada como asesora de campaña para una carrera presidencial de esta envergadura. Aunque el acercamiento a determinados líderes de círculos LGBTQ no era nada nuevo, la campaña presidencial de Warren fue la primera en contratar de forma proactiva y pública a mujeres trans, utilizando las políticas de la identidad como táctica para atraer a posibles electores. En ese momento, Major llevaba un año de recuperación tras sufrir un ictus en 2019, recuperación que fue posible gracias a una campaña de recaudación de fondos con la que se pudo pagar la mayoría de los cientos de miles de dólares de facturas médicas que la Seguridad Social no cubría, en parte por el tiempo que había pasado en prisión y en hospitales psiquiátricos. Cuando analizó la lista de candidatos a la presidencia, se dio cuenta de que la campaña de Bernie Sanders era la primera que lanzaba mensajes altos y claros sobre el acceso generalizado a la atención sanitaria; nunca hablaba de aumentar el gasto militar (que ya era astronómico), cosa que inevitablemente se haría a costa de recortes en los servicios sociales para sus chicas. También lo escuchó destacar las similitudes entre Estados Unidos y otros países, en lugar de referirse a «América» como la brújula moral y la referencia para el resto del mundo. Diez años antes, en España, Major y cientos de activistas de todo el mundo habían aportado su testimonio ante la Comisión de Derechos Humanos de la ONU en el marco de la primera conferencia sobre las condiciones de las personas trans y sus problemas eran, en esencia, casi idénticos: marginación en sus respectivos países. Major sabía que los políticos casi nunca cumplen sus promesas, pero pensó que desde luego no tenía nada de malo que algunas personas de su comunidad escuchasen esos mensajes sobre la justicia: que las personas tenían que poder vivir con dignidad independientemente de quiénes fuesen y que, para lograr eso, el Gobierno debía recuperar parte de los recursos que acaparaban los ricos. Animada por su familia neoyorquina, Major fue una de las pocas personas trans con gran seguimiento en redes sociales que manifestó su apoyo a la campaña de Sanders. Su vídeo de apoyo recibió dos millones de visitas en menos de 24 horas y el equipo de comunicación de Sanders siguió difundiendo su respaldo al candidato. Su cara aparecía en los medios junto a la de deportistas olímpicos y estrellas del pop trans y queer que habían mostrado su apoyo público a otros candidatos; según el *Washington Post*, la carrera en el Partido Demócrata dependía del respaldo de la comunidad TLGB.

Pero tanto Warren como Sanders abandonaron la carrera poco después y, para finales de ese mes, los asesinatos tránsfobos en Puerto Rico, Carolina del Norte y Nueva York y el estallido de la pandemia de la COVID-19 hicieron que pareciera merecer mucho menos la pena intentar integrarse en el sistema político estadounidense. Bajo el mandato del presidente Biden, la Oficina de Participación Pública de la Casa Blanca reactivó su maquinaria burocrática de relaciones públicas para «acercarse a la comunidad»; en octubre de 2021, convocaron una videoconferencia en la que la mitad de los asistentes eran directores de organizaciones sanitarias sin ánimo de lucro dependientes del Gobierno, que se deshacían en halagos sobre la importancia de quién era Presidente. También asistió Bamby Salcedo, amiga de Major tras muchos encuentros de exreclusas. Había estado muy atareada organizando el sistema de asilo para refugiados latinos, cuyas deportaciones habían aumentado desde la victoria de Biden. Cuando el rosario de alabanzas ya pasaba de una hora, Bamby se permitió interrumpir para pedirle a la representante de la Casa Blanca que dirigía la «sesión de escucha» que interviniese Major. «Ya he estado antes en estas "sesiones de escucha" con el Gobierno de Obama —contó Major al grupo— y está muy bien que se nos dé la oportunidad de escuchar. ¿Pero qué se consiguió con esas sesiones de escucha hace diez años?» La representante gubernamental tardó en reaccionar, parecía que la había pillado por sorpresa, así que respondió la propia Major: «Nada». Toda esa visibilidad mediática y la escucha por parte de asistentes de relaciones públicas del Presidente no se habían materializado en mejores condiciones para las personas trans negras.

Cuando se mudó de California a Little Rock (Arkansas) en 2016, Major se puso en contacto con algunas de las chicas trans y con otra gente del sur que había conocido en lugares como Charlotte, Nueva Orleans y la Highlander Folk School (Tennessee), donde Major había asistido a varios encuentros del movimiento organizados por Suzanne Pharr, activista y gran amiga, nacida y residente en Little Rock. Les pidió consejo sobre un nuevo proyecto que tenía en mente. Major llamaba a ese proyecto la Casa de GG (como el centro de acogida de San Francisco; GG venía de su apellido, Griffin-Gracy), pero luego le cambió el nombre porque decidió que era demasiado autorreferencial para un lugar que esperaba que se convirtiera en un espacio permanente para una comunidad más que acostumbrada a que la desplazaran. En 2022 anunció el nuevo nombre, TILIFI: Tell It Like It Fuckin' Is [Las cosas como son, hostia]. Quiere juntar a las chicas que consideran que el sur es su hogar para crear ese vínculo de familia queer que ella sintió cuando se topó con otras chicas trans negras. TILIFI es la manifestación física de lo que ella llama su oasis: una casa de cuatro dormitorios, otra casa para invitadas al lado donde caben cinco personas, piscina, un tiovivo diseñado especialmente para parecerse a los de metal del parque que se veía por su ventana del Upper West Side —y que Asiah, la criatura de un año de Major, tiene prohibido— y un enorme roble antiguo. En el patio hay pequeños rincones con bancos de dos plazas para que las chicas puedan hablar, un porche grande con mesas, hamacas y ventiladores de techo ,para hacer soportables las cenas en común durante las olas de calor veraniegas. Aquí es donde ejerce de mentora para algunas de las chicas del sur, que admiten que solo nos liberaremos si nos consideramos algo por lo que merece la pena luchar. «No es un centro formativo»; es un lugar donde el «ambiente familiar» puede quedarse en manos de la comunidad si resulta que Major no vive para siempre.

Sé que ella me va a enterrar a mí, pero cuando empezó la pandemia de la COVID-19, Alex Lee —el fundador del Comité de Personas Transgénero en Prisión, que luego se convirtió en el TGIJP— le insistió en que dejara por escrito su testamento y sus últimas voluntades, y yo fui uno de los testigos legales necesarios. En contra de lo que yo creía, la experiencia no fue nada lúgubre; Major estaba viendo la tele mientras tanto y no había dedicado mucho tiempo a pensar en su epitafio, así que las palabras que le vinieron a la cabeza en ese momento —«Ella llegó, vio, venció»— son las que figuran en el documento oficial que me llegó por correo un par de meses después. Major pasó muchos años sobreviviendo por los pelos en la lucha contra los que mandan, pero también pasó la mayor parte de ese tiempo «chupándosela a la vida, sacándole hasta la última gota». Su alegría procede de un lugar que no consigo comprender del todo. A pesar de su gusto por lo macabro —sus películas favoritas son la saga de *Saw*—, consigue iluminar la oscuridad con un sentimentalismo y un optimismo sinceros; cuando escribe a las chicas en prisión, siempre se despide con «Mantente fuerte y a salvo».

Desde que la conocí, voy tomando nota de casi todo lo que me dice, intentando comprender las decisiones que la han ayudado a sobrevivir, la audacia y la imaginación transgresora de su ideología política que nunca deja de sorprenderme, el dominio del autocuidado que le ha permitido seguir trabajando en momentos muy sombríos en los que otras personas se habrían quebrado y también esos secretos que le dan la confianza necesaria para negarse a ser «respetable» en una sociedad en la que las personas trans y queer reciben las palizas suficientes para saber que llegar a cumplir 70 es un absoluto delirio. Este libro es el compendio de miles de horas de conversación en aeropuertos, taxis y salas de descanso antes de dar discursos. El formato preferido de Major en todas sus apariciones públicas es la conversación; no le gusta dar discursos largos como oradora principal. La conversación tiene mucho más potencial que el monólogo para forjar conexiones. «Me veis como soy —explica Major—. Creo que eso le puede servir a la comunidad: saber que no hace falta que nos modifiquemos, cambiemos, nos moldeemos o tengamos el aspecto que otra persona crea que deberíamos tener».

También pedí a algunas de las compañeras y amigas más cercanas de Major que me dijeran qué les había enseñado, con qué se quedaban, qué momentos con ella les habían impulsado o ayudado a hacer la labor que hacían. Major me dijo que hiciera esos encuentros y llamadas sin ella para que sus compañeras pudieran hablar con sinceridad, aunque a veces fingía que estaba dormida o veía *CSI* con especial atención mientras yo llamaba desde el otro lado de una pequeña habitación de hotel. Ahora entiendo el atractivo de fingir tu propia muerte: escuchar lo que la gente diría de ti en tu funeral, sobre todo si, como en el caso de la mayoría de las amigas de Major, no consigues ningún reconocimiento hasta que te pasa algo horrible. «Hay gente que deja el activismo porque acaba siendo demasiado; duele demasiado, hiere demasiado, desespera —cuenta Major—. ¿Y entonces yo por qué sigo aquí? ¿Sabes lo que quiero decir?».

Puso normas para el libro. «No quiero que sea duro —me dijo—. Que sea cálido y acogedor, como un abrazo, que todo el mundo dice que le gustan mucho mis abrazos». Dedicamos mucho tiempo a pensar cómo hablar de algunas de sus decisiones que seguramente le salvaron la vida pero que podrían haber tenido consecuencias negativas, cómo hacerlo «sin ser como un policía» que mete a las chicas en situaciones peligrosas. «La T va delante en TLGB», me tuvo que recordar unas cuantas veces antes de que lo escribiera. «Las chicas» es como se refiere a su familia. Habrá tacos, «porque van a saber que no soy yo si no hay tacos». «Mira», dice con esa forma de hablar que usa cuando quiere asegurarse de que la estoy escuchando, un truco que aprendió estudiando a Bette Davis en los cines de Hyde Park, donde podías comprar una entrada para la primera sesión y quedarte hasta que cerrasen. Es el tono que los personajes de Davis usaban cuando sabían que habían hecho algo malo, pero que sus encantos femeninos les sacarían del aprieto, tono que Major practicó hasta la perfección para pasar el rato en prisión. «Hay partes de mi vida de las que... No puedo hablar. Sin más. Hay cosas que tendrás que llevarte contigo a la tumba y seguramente las mejores partes no las vas a poder incluir».

La forma de aprender que tiene Major es quedarse la sabiduría que a ella le funciona y dejar el resto, como el antiguo lema anarquista: «Ni diosa ni ama». Y por eso este libro no se llama «Las normas de Major». Son las palabras de alguien con montones de sabiduría que las activistas más jóvenes pueden aprovechar o no, según los talentos y las capacidades que aporten al movimiento. «Yo presto atención a mis sentimientos, a lo que el universo intenta decirme —explica—. Esto me da la oportunidad de ponerte al corriente de toda esa mierda que la gente ha intentado que cuente; se la cuento a alguien que puede cogerla, utilizarla y difundirla» a las personas que ella no puede guiar y politizar personalmente. Aunque «cuando acabe el libro, el mundo seguirá sin estar donde debe», advierte, este libro muestra un camino: «cómo puede una chica cuidar de sí misma, qué esperar, cómo moverse por esta sociedad manteniéndose a salvo y cómo llegar, algún día, a ser una anciana trans. Se puede matar a una persona, pero no se puede matar una idea, no se puede matar el amor ni el dolor. En este libro eso va a quedar muy claro para que la gente lo lea, lo pille y siga adelante. No digo que yo lo sepa todo, pero, ya que estamos, más nos vale sacudirlo todo, hasta los cimientos».

Major quiere que las personas que lean el libro, trans y no trans, comprendan que para liberarse hay que ser consciente de que la opresión puede hacer que las personas trans se comporten como sus opresores; a veces, la competencia despiadada y la luz de gas de la comunidad trans vienen del trauma, la pobreza y la opresión de clase a la que se enfrentan muchas personas trans. Quiere contarles a las chicas que ella ha creado una familia elegida queer y trans y le ha dado su espacio, aunque otras personas hayan intentado matarla y encerrarla. Lo deja clarísimo: de no ser por su profunda relación con comunidades que se basan en el apoyo mutuo, y por el objetivo inquebrantable de enfrentarse a los que mandan, ella no habría sido capaz de cuidar de sus hijos ni de sus seres queridos que murieron de sida, ni tampoco habría podido ofrecer un entorno familiar a mujeres trans que nunca supieron lo que era una familia. Si de joven te inculcaron el autodesprecio a base de palizas, Major quiere que sepas que eres importante, que quedarse fuera de todo te ayuda a desarrollar una piel curtida y a la vez flexible en las situaciones sociales. Eres más fuerte por toda la mierda que te ha tocado pasar.

«Ya te he dicho lo que tenía que decirte», me dice Major mientras sale el sol en Little Rock. «Te quiero». Ya no hago más que parlotear e irme por las ramas, preguntando detalles que pueden esperar al día siguiente. «Te quiero», le respondo, cosa que no podría haber hecho antes de conocer a Major. Me ayudó a zafarme de esa imagen de tío masculino hetero, de la imitación del estilo japonés reservado que mi abuelo desarrolló intentando ganar la batalla perdida de la integración tras pasar por los campos de internamiento. «¿Cómo sabes las palabras exactas que tienes que decirle a alguien para que se calle cuando está hablando de más sin que se sienta un gilipollas integral?», le pregunto.

«Pues le diría: "Qué mona eres, chica, pero es hora de echar el freno"».

I

STONEWALL NUNCA SUCEDIÓ

1

LOS QUE MANDAN

Toshio Meronek: Voy a empezar por lo que te sigue qui-
tando el sueño: esa gente a la que llamas «los que mandan» y
las cosas a las que se dedican, que no te dejan jubilarte en paz.

Miss Major: ¡Señor! ¿Cómo de gordo va a ser este libro?

T.M: Lo que haga falta.

M.M: En lo que respecta a mis chicas, hemos hecho pequeños avances aquí y allá, pero las cosas no están donde deberían. Pero ni de cerca, vamos. Mira toda la visibilidad que hemos conseguido —bueno, que hemos conseguido unas pocas, más bien— en el último par de años y a la mayoría de la comunidad no le ha servido de nada. Nos siguen asesinando. El recuento de cadáveres sigue subiendo. Antes ni siquiera nos conta-ban, no éramos lo suficientemente importantes. Igual eso sí que ha cambiado. Ahora por lo menos tienen que fingir que les importa, aprobar alguna ley que la policía pueda ignorar para que nos quedemos calladas, por-que una de las cosas que han cambiado es que ahora tenemos más aliados y saben que hay más gente de nuestra parte.

T.M: Prestaste tu testimonio para la resolución que el Tribunal Supremo publicó en junio de 2020, el mes del Orgullo. Todas esas resoluciones las reservan para hacerlas públicas en junio: el matrimonio homosexual, la presencia de las personas trans en el Ejército... En este caso, hablamos de una resolución que prohibía la discriminación a las personas trans en el trabajo. En tu testimonio contabas que, cuando trabajabas en cosas legales y fuera de la economía sumergida —cuando conducías un camión entre el sur y el norte de California o trabajabas en la oficina de AT&T en San Francisco—, a veces te despedían o te sentías obligada a pasar lo más desapercibida posible.

M.M: Sí que aporté mi testimonio. Pero me arrepiento, porque todas esas resoluciones no van a cambiar nada. Por lo menos para mis chicas. La mayoría de mis chicas ni siquiera pueden acceder a educación superior ni conseguir un trabajo. Por no hablar siquiera de que les hagan una entrevista. ¿Cómo demuestras que no te han dado el trabajo porque eres trans? O, bueno, vamos a pensar que la persona que te hace la entrevista es supersincera por una vez y te dice a la cara, a bocajarro, que no te han contratado porque eres trans. Imagínate que estabas grabando [la entrevista] y que lo tienes todo ahí. ¿Y? ¿Dónde vas a conseguir un abogado? Entonces, ¿cambian unas pocas leyes que para empezar ni siquiera cumplía nadie y se supone que por eso vamos a estar a salvo? Como con la Ley de empleo y no discriminación [ENDA, por sus siglas en inglés]. La redactó la organización Human Rights Campaign (HRC), estábamos incluidas en el borrador y al final nos dejaron fuera. Nos fuimos quejando por todo el país.

Entonces alguien de la HRC vino a hablar con todas las representantes de distintas comunidades como la de San Francisco y nos dijo: «Vamos a enmendar ese error. Lo cambiaremos para incluir a las personas trans». Y a los pocos años el Tribunal Supremo determinó que la discriminación laboral era ilegal a nivel federal, pero ¿eso sirve para algo? No. ¿Les supone algo a las chicas en el mundo real? No.

T.M: Las historias de lucha por la liberación de la gente trans y queer, o de las personas negras, las que no nacieron en una familia con dinero o simplemente de cualquiera a quien se haya marginado históricamente, se cuentan como un relato lineal de progreso, como si nunca dejáramos de subir y avanzar hacia la igualdad. Cuando estuvimos en Nueva York y te estaban grabando para esa serie sobre cómo los años 60 lo cambiaron todo, la productora quería que contaras la historia del avance TLGB.

M.M: Puf, lo mío con esa productora era como una partida de ajedrez. Ella consideraba que a su programa le hacía falta una mujer trans negra para figurar, que hablase de los 60 y de Stonewall, de cuánto ha cambiado todo desde entonces para la comunidad. Cómo han cambiado el Gobierno y todo el sistema y cuánto se preocupan ahora por las personas trans. Y estoy segura de que estaba pensando: «Bah, es trans, no se va a dar cuenta de lo que pretendo». Menuda cara tenía la tía. Yo desde luego no iba a decirle que sí a todo y a contarle el cuento de que Stonewall lo cambió todo y ahora estamos todas tan felices. ¡Ni de coña!

T.M: Te preguntan muchísimo por Stonewall, más que por ninguna otra cosa. Así que, cuando te piden una entrevista, las instrucciones que yo he recibido son responder con educación: «No, ya lo ha contado muchas veces». Stonewall se ha convertido en un símbolo de la nada: no tiene nada que ver con esos disturbios contra la policía que impulsaron personas trans y queer de clase trabajadora. En 2019, para el 50.º aniversario de Stonewall, te llamó todo el mundo, desde la CNN hasta la cadena de productos para el hogar Home Depot, porque eres la persona más visible de las presentes en Stonewall que aún sigue viva. Pero tú no eres un solo acontecimiento. Nadie lo es. Igual que el movimiento no es una sola persona.

M.M: La gente se empeña en convertir Stonewall en un símbolo. Y en ese momento solo pensábamos: «Pues nada, supongo que ha llegado ese momento del mes en el que la poli hace una redada en el bar para cumplir sus cifras de arresto de maricas del mes de junio». Pero la gente se obsesiona con los detalles. Ni sé la de gilipolleces que he oído en todos estos años. A veces, «Alguien lanzó un zapato de tacón»; otras, «No, chica, era un cóctel molotov» o «Le cascaron a un poli».

Yo solo sé que esa noche vinieron y nadie aflojó. Supongo que estábamos hartas de sus mierdas, sin más. Y de repente estábamos a hostias y les estábamos dando una soberana paliza. Los polis tuvieron que echarse para atrás y volver a meterse en el bar. Los teníamos acorralados. Para cuando nos dimos cuenta, llegaron los antidisturbios y ahí sí que ya se lio. Se habla de «la noche de Stonewall», pero en realidad fue más bien una semana. La gente quiere saber todos los detalles, pero mi principal recuerdo es que estaba acojonadísima. Era una lucha por nuestra supervivencia. Nos siguen matando, siguen sin tratarnos con el respeto que nos merecemos por soportar su mierda durante todos estos años. Te cuento la realidad de la mierda que ha sido desde el principio, lo que ha pasado y cómo era la ley en nuestro día a día; la realidad, ni más ni menos. Así que, si hablamos de la señora productora, yo no hacía más que pensar: «Voy a acabar cortada por los suelos de la sala de montaje».

En el desfile de Stonewall del año siguiente, no veía a ninguna; ni una sola de mis chicas estaba ahí. No vi a Sylvia en primera fila, donde tendría que haber estado. Pero esto no tiene que ver con Sylvia ni conmigo. A mí el reconocimiento y la fama me importan una mierda, pero a esos gays y lesbianas les daba vergüenza que los vieran con nosotras y siguen queriendo borrarnos el mapa. Así que, para mis chicas, es como si Stonewall nunca hubiera existido, porque no cambió nada.

T.M: En uno de nuestros últimos viajes a Nueva York, camino del aeropuerto, pasamos por el barrio de Chelsea, donde Obama declaró Stonewall como el primer «Monumento Nacional LGBT». La Casa Blanca organizó una ceremonia de inauguración muy formal. Te invitaron y respondiste que no ibas a ir. Nunca te han ido mucho las conmemoraciones ni los monumentos.

M.M: Es que, para mis chicas, Stonewall no fue nada digno de un monumento. Sobre todo al principio, era una noche como cualquier otra: vino la policía, hizo una redada, nos arrastró fuera del bar y nos limitábamos a esperar que ese día no nos tocase acabar en el furgón. Así era la vida, sin más. Ahora, cuando paso por esa parte de la ciudad y veo lo que han hecho en los muelles, no hago más que llorar. No quiero ni acercarme. Es como cuando vine a Nueva York y trabajé para mi tía en el Hospital Goldwater Memorial. Me puso en la morgue porque pensó: «Es marica, sabe maquillar». Para mí, Chelsea es como esa morgue. Y, si te fijas bien, la mayoría de los monumentos están dedicados a una persona o a una cosa que alguien hizo en su vida. Yo no estaría aquí si no fuera por mi comunidad, mis amistades, mis camaradas. Y por eso me parece que el 99% de las estatuas que homenajean a una persona son una estupidez. Tanto si se merecen una estatua como si no, esas personas no habrían conseguido ninguno de sus grandes logros sin un montón de gente que trabajase codo con codo a su lado.

T.M: [*Señalo dos fotos juntas de las estatuas del homenaje a Stonewall en Nueva York. En la primera se ven las estatuas tal y como las crearon, de color blanco nuclear. En la segunda, activistas anónimos les habían puesto ropa de fiesta en honor de Miss Major, tienen la piel negra y morena y pelo natural*]. *Me encanta esta foto. Le pagaron a un tío cis y hetero para que colocase estas estatuas de unos cuantos gays y lesbianas en el parque de enfrente del Stonewall Inn en 1992. Y luego, en 2015, varios activistas anónimos las pintaron de marrón en tu honor.*

M.M: Y el Ayuntamiento volvió a pintarlas de blanco al día siguiente. «¡Menuda falta de respeto eso de decir la verdad!» ¿Y qué tenían que haber hecho? ¿Pintarlas aún más blancas, en lugar de con colores oscuros?

T.M: *¿Hay una forma más respetuosa de mostrar nuestro apoyo a las personas trans que nos precedieron sin usar estatuas ni otros homenajes en formato físico?*

M.M: ¿Qué tal si se trata con algo de respeto a las demás chicas que aún siguen aquí, vivas? Yo no necesito ninguna placa en la pared para recordarme dónde he estado, ¿sabes? Mi forma de actuar es hacer las cosas que hago ahora: todo, absolutamente todo, depende de la raíz. Todo está en la base; aquí [levanta la mano por encima de la cabeza], con los que mandan, aquí no hay nada. Así que no, no vas a ver mi nombre colgando en una pared. Lo único que importa es lo que pienses o lo que sientas con respecto a mí, lo que yo haya podido hacer que haya tenido un efecto en ti. Quiero que mi recuerdo perdure en el corazón de la gente de abajo; no me interesa ni lo más mínimo el reconocimiento del alcalde de turno.

T.M: *Cuando empezaste a decirle a la gente que votase en 2020, me sorprendió, porque siempre habías dicho que tu opinión sobre los políticos no iba a cambiar, que los políticos de hoy mienten igual que los de hace 50 años.*

M.M: ¿Y yo qué te dije? «A la gente que acaba de llegar a este movimiento y al activismo en general hay que abrirle alguna puerta de entrada». Para algunas personas, la forma de entrar es ir a una manifestación, ver un documental, leer un libro… Eso es lo que les hace pensar: «Pues igual yo puedo hacer algo». Así que no, no creo que el voto de una persona valga para un carajo, pero puede hacer que la gente llegue a pensar que tiene capacidad para combatir de alguna forma a los que mandan. Igual lo siguiente que hacen es afiliarse a alguna organización o hablan con sus amistades de los asesinatos, o de que George Washington tenía esclavos y de que este país solo existe gracias a la esclavitud.

T.M: *Entonces, te parece que votar es un punto de partida.*

M.M: Si nunca se te ha pasado por la cabeza hacer algo a nivel político, puede serlo, desde luego. Pero las estatuas de Stonewall o el Orgullo no. El derrotero político que ha tomado el desfile del Orgullo no me lo habría imaginado ni en un millón de años; van compañías de seguros, el departamento de policía, el tonto de Mark Zuckerberg… Me acuerdo de una vez que ya quedaba poco para el Orgullo de Oakland y vi un anuncio de Clorox.

T.M: ¿La empresa que fabrica lejía?

M.M: Sí, esa misma, Clorox. Vi su logo en el puñetero anuncio del Orgullo. Cuando Guy Vandenberg y yo conducíamos la furgoneta de intercambio de agujas en San Francisco y el sida nos mataba a diestro y siniestro, Clorox no quería que usáramos sus productos, porque no querían que se los relacionase con travelos y maricas. Son grandes empresas que, cuando han tenido la oportunidad de atender y cuidar a mi comunidad transgénero, se han negado a hacerlo. A veces las ambulancias no llevaban a las mujeres trans al hospital cuando se daban cuenta de que eran trans. Las dejaban ahí, hechas polvo, tiradas en la calle. Me acuerdo de una vez en concreto que una de las chicas estaba en el cruce de Taylor y Turk, en el barrio del Tenderloin; vivía en el Hotel Dahlia. Se estaba escapando de unos críos que la perseguían y le pegaron justo delante de un bar gay que hace mucho que cerró, el Peter Pan. Vino la ambulancia y cuando se dieron cuenta de que la chica había bebido, le dijeron que se tomase un par de aspirinas y se marcharon. Y nadie hizo nada, claro, porque la policía no paraba de patrullar la calle. No podíamos ir corriendo adonde estaba, ¿sabes? Porque teníamos que tener mucho cuidado; si cualquiera de nosotras hubiera intentado intervenir, nos habrían arrestado. Eso lo he visto un montón de veces, lo de acosar a las chicas cuando intentan ayudar. Le decimos al poli con mucha educación: «Oye, que no se estaba prostituyendo», y se nos llevan detenidas a todas. ¿Y a quién se lo dices? ¿A quién vas a dar parte? ¿Al compañero de los que la han detenido? Te va a decir: «Eh, he visto que se la ha chupado para que la suelte, ahora me toca».

2

LA LEY NUNCA NOS HA PROTEGIDO

T.M: *La primera vez que te vi —tú no te acordarás— fue justo delante de Modern Times, la librería anarquista del barrio de Mission, en San Francisco. Tu Cadillac acababa de aparecer con las tres matriarcas del TGIJP [el Proyecto por la Justicia para las Personas Trans, con Divergencias de Género e Intersex]: Bobbie-Jean Baker, Melenie Eleneke y tú. Debió de ser en 2013, la noche que se presentaba el libro Captive Genders [Géneros cautivos], el primer libro que recopiló todas estas cuestiones relacionadas con las personas trans y el sistema penitenciario, entre ellas una entrevista espectacular contigo. Si echo la vista atrás, creo que ese fue un punto de inflexión fundamental para el movimiento. Justo antes de que saliera el libro, Angela Davis había celebrado en su casa un acto benéfico a favor del TGIJP. En términos más generales, los integrantes del movimiento anticarcelario acababan de empezar a admitir que las personas trans y queer negras son desproporcionadamente señaladas por el sistema, cosa que pone de relieve la importancia de que haya mujeres trans negras liderando el movimiento para abolir las prisiones. Ese cambio radical se debió en parte a vuestra labor como inte-*

grantes del Comité de Personas Transgénero en Prisión [TIP,
por sus siglas en inglés], que luego se convirtió en el TGIJP.
Fuisteis las catalizadoras.

M.M: Alex Lee fundó el TIP en 2003, cuando se
hizo abogado e intentaba encontrar la forma de ayudar
a las mujeres trans y a las personas de género no normativo sumergidas en el sistema penitenciario. Muchas
acabamos pasando por ahí un tiempo. Alex buscaba
una forma de ayudarlas que de verdad sirviera; no quería ir a presionar al Estado para conseguir leyes, porque
todas sabemos que eso casi nunca cambia realmente
las relaciones de poder entre la policía y la gente en la
vida cotidiana. La policía no sigue directrices políticas,
las ignora. Todo el mundo quiere ponerse a hablar de
prohibirle a la policía usar maniobras de ahogamiento,
como si a Eric Garner no lo hubiese asesinado así la
policía 20 años después de que el estado de Nueva York
ilegalizara esa maniobra.

Alex tenía presente todo eso y también sabía
que, para ayudar a las chicas, había que darles trabajo
y ponerlas en situación de ayudarse tanto a sí mismas
como a las demás chicas. Entendía la importancia de
que las personas se organicen por y para sí mismas. Y
una labor como esta no puede girar en torno al dinero.
Si consigues algo de dinero, se lo das a quien más lo
necesite, es decir, pagas a la gente más señalada por el
sistema, o sea, las mujeres trans negras y mujeres in-
dígenas como Melenie, que nació en Hawái. Así que, en
ese acto benéfico, Angela y yo estábamos ahí sentadas
hablando tranquilamente y nos dimos cuenta de que
luchábamos por lo mismo, pero en distintas comunidades. En ese momento, la gente estaba empezando a
interiorizar la idea de que las prisiones eran el sistema contra el que debíamos luchar y de que las mujeres

trans negras estamos sobrerrepresentadas ahí dentro y somos las que nos llevamos la peor parte. Las dos estábamos de acuerdo en que había que desmantelar ese sistema por completo y en que tenemos que encontrar un sistema de seguridad mejor que las prisiones y la policía. Así que llegamos a unas cuantas conclusiones compartidas sobre la abolición de las prisiones y sobre la necesidad de poner en el centro a las personas más afectadas por este sistema industrial penitenciario, sea en este país o en cualquier otro de los que conozco: mis chicas.

Una de las cosas que me enseñó mi mentor, Big Black, es que, si voy a ayudar a mi comunidad, tengo que ser consciente de todos los escollos que nos rodean. No solo de los que veo, sino también de los que no me espero, los que se perfilan en el horizonte. En ese momento entendí que el sistema industrial penitenciario es como un pulpo con tentáculos en todas direcciones: atrapa a gente negra e inmigrante, a personas sin hogar, pobres y a muchas otras personas de clase obrera. Nunca tenemos ni idea de dónde están esos tentáculos, algunos son hasta invisibles. Y, con eso en mente, para Alex y para mí, y para las chicas del TGIJP, la cosa era asegurarse de que todo fuera absolutamente inclusivo, ¿sabes? Que fuera una organización en la que no solo no echasen a los leones a ninguna de mis chicas, sino que tampoco íbamos a dejar que eso le sucediera a nadie que nos importase. Si no salvamos a todas, no se salva ninguna. Así que eso de montar hospitales en lugar de cárceles para ocuparse de las personas sin hogar es una gilipollez, porque no es más que otra forma de retención; la cárcel no va a ayudar en nada a la gente que vive en la calle.

T.M: *¿La policía era un problema en la cultura ball[2] de Nueva York?*

M.M: La policía nunca jamás deja de ser un problema. Si vas en un grupo grande, vale, pero como te cojan sola, querida, date por jodida. Mucha gente ignorante quizás piense que la presencia de la policía es tranquilizadora. No. Para nada. Se te acelera el corazón. ¿Esa gente sabe lo que es que te esposen, que te pongan las manos detrás de la espalda y te den un golpe en la cabeza cuando te meten en la parte de atrás de un coche patrulla? ¿Y que los maderos te pongan la zancadilla de camino al coche para que te caigas, te raspes las rodillas y se te rompan el vestido y las medias? No puedes dejar que te cojan a solas. En Nueva York por aquel entonces era muy sencillo: «Llevas vestido, directo al calabozo».

Seguramente la peor fue una noche que estaba haciendo la calle. Si eras trabajadora sexual, sabías que casi todos los maderos te iban a soltar en cuanto se la chuparas. Así que pensabas: «Bueno, ¿quiero pasar la noche en el calabozo o me lo hago en 20 minutos y así me quita las putas esposas?». Pues nada, el cabrón sádico este me llevó a una de las comisarías del Village. Estaba a punto de amanecer. Me obligó a quitarme toda la ropa, solo me dejó el pelo. Se quedó toda mi ropa. Estaba saliendo el sol y la calle empezó a llenarse de gente con traje de camino al trabajo. Se quedó mi vesti-

---

2   Subcultura de la comunidad LGTBIQ+ en la que participantes de distintos grupos o casas (que representan la familia elegida) compiten en distintas categorías de baile, desfile, playback, vestuario, apariencia, etc. Se inició en entornos de gente blanca a finales del siglo XIX como espacio de travestismo, pero en la década de 1960 se convirtió en el espacio underground de expresión de muchas personas trans y queer de ascendencia africana y latina dentro de la comunidad LGTBIQ+ [N. de la T.].

do y el resto de mi ropa y me tiró a la calle con la peluca y el pintalabios corrido.

T.M: *Qué horror.*

M.M: Fue horrible. Pero en aquella época lo más normal con las chicas trans era «Estás zumbado, así que te vamos a llevar al psiquiátrico, a Bellevue».

T.M: *Según tu experiencia, ¿había alguna diferencia entre el ala psiquiátrica del Hospital Bellevue y una cárcel como la de Rikers Island?*

M.M: No, no hay ninguna diferencia. Esa intención de hacernos polvo también está en los hospitales. Viene de los médicos. La mayoría de esos médicos se creen que lo saben todo y ellos deciden si a una de las chicas le pueden dar hormonas o si un tipo cualquiera puede seguir viviendo. Estás a merced de los psiquiatras.

T.M: *Tú haces de terapeuta para mucha gente, pero en realidad nunca has ido a terapia.*

M.M: La única vez que he ido fue por obligación cuando estaba retenida en Bellevue. En realidad la cosa había empezado antes, cuando era adolescente y mi madre me mandó a Bridewell, el Bellevue de Chicago.

T.M: *¿Cuántas veces acabaste en sitios como Bridewell?*

M.M: Uf, cariño, he perdido la cuenta. Y la cosa es que con una sola vez basta para darte cuenta de que no te pasa nada. No le has hecho daño a nadie para acabar ahí. Resulta que algún poli estaba teniendo la fantasía de su vida pensando que te insinuabas y cuando se da cuenta de que no, decide pagarlo contigo y meterte en una celda acolchada. Así que lo que yo hice fue aprender lo que tenía que decir para salir de ahí y mantenerme a salvo. Muchas de las chicas, incluso antes de que yo pasara por Bellevue, solían sentarse y hablar de los psiquiatras, los médicos y las enfermeras; iban repasando y contando lo que quería oír tal o cual médico o tal o cual enfermera para poder salir de esa situación. A veces tenías suerte y te tocaba un médico con un mínimo de conciencia, y podías jugar con eso: «Es muy difícil para mí vivir con todos estos sentimientos». Igual ni siquiera era difícil. Cuando lo decías, llegaba el suspiro de compasión: «Ay, qué pobre». Aprendías a hacer y a decir lo que hiciera falta para mantenerte a salvo y salir de ahí. Así que, para la quinta vez, salías en nada. Aprendías a decir lo que querían oír, porque da igual cuánto intenten cambiarte: no pueden matar tu verdadera identidad, la persona que de verdad eres, en el fondo.

T.M: *Aparte de los nuevos pabellones trans dentro de las prisiones, también hay nuevos Bellevues: la versión moderna de los manicomios, las «cárceles de salud mental». Son la consecuencia de las leyes de «curatela» que señalan a la gente sin hogar, sobre todo a las personas con discapacidad y con adicciones. En San Francisco, aunque estén cerrando una de las seis cárceles del condado, ya tienen los planos para construir lo que la alcaldesa llama el «centro de justicia de salud conductual».*

M.M: Que lo llamen como quieran; es una cárcel y eso es lo que tenemos que parar. No es más que otra forma de retención y la cárcel no va a ayudar en nada a la gente que vive en la calle.

T.M: *Has estado en distintos tipos de instituciones, pero también has visto la evolución —o la falta de ella— de estas instituciones a lo largo de las décadas. Pasaste un* tiempo encerrada en Dannemora, una prisión de máxima seguridad en la frontera entre el estado de Nueva York y Canadá. Treinta años después, volviste a entrar en prisión, esta vez por voluntad propia de la mano del TGIJP, para trabajar con las chicas trans encarceladas en California. ¿Percibiste algún cambio con el paso de las décadas?

M.M: La cárcel es la cárcel; no hay más. Las chicas lo saben, las personas más jóvenes y radicales, como tú, las personas que tienen la determinación de cambiar las cosas y mejorarlas, lo saben.

Así que, al final, la cuestión es distinguir si en realidad estamos colaborando con el sistema y compinchándonos con él haciendo pequeños retoques en los márgenes, o si vamos a intentar acabar con él por completo. En el TGIJP decidimos que éramos abolicionistas y que no queríamos ningún tipo de cárcel. No se construyeron para protegernos ni para mantenernos a salvo y siguen ahí con el mismo propósito. Cuando cierran una cárcel, van y te cuentan: «Eh, mirad, hemos cerrado esta prisión por los abusos». ¿Y entonces por qué coño estás construyendo dos cárceles más al otro lado de la ciudad, a hurtadillas? Ahora mismo se está dedicando mucha atención a construir nuevos pabellones «trans» en las prisiones. No es más que gastar más dinero en cárceles, miles de millones de dólares. ¿Y qué tal si dedicamos algo de dinero a pagar el alquiler de una de las chicas o a comprarle comida? ¿Por qué solo invierten dinero en nuestra protección si es para poner una jaula?

T.M: El historial de nuestra nueva vicepresidenta, Kamala Harris, es más que conocido fuera de la Bahía, pero empezó su carrera política como fiscal del distrito de San Francisco, donde intentó detener el programa de atención sanitaria para internos trans y criminalizó a las trabajadoras sexuales apoyando las leyes SESTA/FOSTA [la Ley para detener a los traficantes sexuales y la Ley para combatir el tráfico sexual en línea], que básicamente hacían que fuera delito publicar anuncios de trabajo sexual en Internet. Cuando Kamala Harris apareció en 2004 en la primera marcha trans en San Francisco, los miembros del TGIJP acudieron con carteles de protesta en su contra. ¿Te parece que a la gente le gustó ese cambio de actitud?*

M.M: Psss...

T.M: Igual no hay nada más que decir al respecto.

M.M: Creo que con eso basta. Echó a los leones —y a una celda— a las mujeres trans y básicamente a cualquier persona pobre. «Llevas condones en el bolso: eres puta». Que la policía te pille con condones en el bolso... a ella eso le bastaba para meter a las trabajadoras sexuales en la cárcel. Y en política, como en todo lo demás, al final todo se reduce a lo siguiente: recordad nuestro origen.

T.M: Me parece que, en este momento, nunca está de más recalcar eso. Tras las revueltas que comenzaron en 2020 por los casos de George Floyd, Breonna Taylor, Tony McDade y muchísimas más personas negras asesinadas, maltratadas y encerradas por la policía, yo pensaba que la situación iba a ser otra. Pero en muchos sitios hicieron como en San Francisco: en lugar de abolir la policía, la ciudad aumentó su presupuesto, pagó más por las horas extra y además dio financiación a los negocios y las asociaciones vecinales para que contratasen cuerpos de seguridad privada. Pero lo primero que hicieron fue poner carteles de Black Lives Matter en todas las comisarías, claro.

M.M: Cómo se atreven. Eso no va a solucionar nada. Nada de nada. «Recordad de dónde venís». Es triste, pero a eso se dedican ahora, se ponen la medalla y se ríen en nuestra cara. Gilipolleces; no se puede usar otra palabra.

T.M: *En el vídeo contra la presencia de la policía en el Orgullo que grabamos para el grupo Gay Shame, te salió sobre la marcha un estupendo discurso sobre la ironía de la presencia de la policía en el 50.º aniversario de Stonewall.*[3]

Los policías han sido [...] como aliens que vienen de otro planeta para consumirnos, tragarnos y escupir lo que queda de nuestros huesos.

No tiene nada que ver con su color, su religión, el dinero ni con la educación que han recibido. El uniforme azul los iguala a todos: son personas despreciables, inconcebibles, horribles y destructivas para la humanidad en general, sobre todo para mi comunidad trans y de género no normativo.

No sé quién ha invitado a esos cabrones al desfile del Orgullo, son la cosa más nociva que existe. ¿Por qué invitarías a un tiburón a nadar contigo si te metes desnudo en el mar? ¿Porque te gustan los tiburones? En lo único que piensan esos cabrones es en detenernos, meternos en el calabozo, encerrarnos, darnos una paliza, obligarnos a chupársela y echarnos de su coche a patadas y desnudas. Me ha pasado dos veces, así que sé muy bien de lo que hablo.

No tendrían que haber pisado el Orgullo jamás. Se supone que el desfile va de cierto sentimiento de orgullo. ¿Qué orgullo vas a tener si crees que la policía se merece estar ahí, contigo, dándote la manita y ondeando la bandera gay? Que le den a la bandera. Toda esa mierda no significa nada si no vas a tratar bien a la gente, con justicia, con honradez.

---

3 Véase «Five-0 Out of Pride 50», marzo de 2019, gayshame.net.

T.M: *Hemos ido a algunos eventos que pretenden ser la alternativa al Orgullo corporativo y en algunos se le ha dicho a la policía que no es bienvenida si va a marchar con el uniforme. ¿Cómo se puede mantener a los agentes fuera de estos actos?*

M.M: Supongo que la mejor forma es dejar de invitar a esos imbéciles al Orgullo, porque son lo puto peor para nuestra mismísima existencia. Me encanta cada vez que alguien polemiza a esos cabrones sobre la esencia del Orgullo. Porque la mayoría de la gente no sabe de qué va el Orgullo, no conocen la angustia, el dolor ni el detonante del desfile: fue un evento antipolicial. Y sí, mira, ya sé que hay agentes de policía trans. Hay agentes negros y también mujeres. Todo eso está muy bien, pero ¿sabes qué? Lo primero es el azul del uniforme; todas las demás lealtades vienen después. En cuanto se ponen el uniforme, cariño, el azul se les sube al cerebro, lo invade todo y dejan de ser quienesquiera que fueran antes. Así que no, no tienen que estar ahí. Ahí está su lealtad. A mí que ni se me acerquen. Nos han dado hasta en el carnet de identidad y siguen haciéndolo, le enseñan a todo el mundo cómo machacarnos y matarnos. Así que, si va la policía, a mí que no me esperen allí. No puedo evitar pensar en lo que le hicieron a Puppy, que sigue pasando.

T.M: *Puppy, ¿tu amiga de Nueva York en los años 60?*

M.M: Que en paz descanse. Y que se pudra en el infierno la persona que la mató. Los perros de Puppy estaban molestando a los vecinos y llamaron a la policía. La encontraron muerta en la bañera, que estaba llena de sangre. Tenía dos bracos de Weimar. Unos perros muy pelones, muy fieros. Si llegaba alguien que no conocía a Puppy, tenía que atarlos porque si no salía de ahí con una mano menos. Los había criado desde cachorros y no paraban de enseñar los dientes cuando los maderos intentaban llegar al cadáver. Tuvieron que llamar a Control de animales. Así que la persona que la mató debía de conocerla si pudo entrar y salir del apartamento sin que los perros se la comieran viva. Hicimos una lista con todos sus clientes habituales y la entregamos en comisaría. Debieron de perderla en cuanto salimos por la puerta, porque por mucho que lo intentamos, protestamos y chillamos, no nos hicieron ni caso. La policía no iba a buscar al asesino. Se supone que una persona es una persona. Como a la policía le daba igual, nos propusimos averiguar quién lo había hecho. «Vamos a empezar por novios y clientes. Lo tenemos controlado». Nunca llegamos a dar con nadie. Así que pensamos que tenían que haber sido los policías, porque también eran clientes. Pero no conseguimos pillarlos. El alcalde estaba de su parte, los dueños de los bares tenían que untarles para no cerrar y algunos agentes trabajaban también para la mafia. Seguimos sin saber quién mató a Marsha P. Johnson. Ahora mismo en algún lugar del mundo hay otra Puppy desangrándose porque alguien se ha enterado de que era trans.

T.M: En el 50.º aniversario de Stonewall, los jefes de policía de San Francisco y Nueva York se disculparon de forma muy pública, ante un montón de cámaras, por cualquier daño que la policía hubiera causado desde entonces a las personas del colectivo TLGB.

M.M: De verdad que eso me mata. La cantidad de gente que se va a creer esa mierda. Son todo chorradas. Van a seguir matándonos. Y por eso me niego a formar parte del Orgullo. Es muy complicado y no tengo tiempo de andar por ahí mendigando respeto a una sociedad que nos daña o nos odia. De ese mismo sentimiento de ira y tristeza nació el TGIJP. Alex y yo intentábamos ayudar a las chicas de dentro a entender el maltrato y los abusos que sufrían, porque cuando estás en prisión te hacen creer que el problema eres tú. No, el problema es el sistema. Así que intentamos que las chicas, y también la opinión pública, dejasen de pasar por alto los distintos tipos de malos tratos que se producen ahí, lo que nos contaban las chicas encerradas en las cartas que nos escribían, y acabamos entrando a las cárceles y hablando con las mujeres trans y las personas de género no normativo.

T.M: *Estabas en Dannemora cuando se paralizó el experimento de la cárcel de Stanford. Básicamente, era un experimento para ver cómo funcionan el poder y las jerarquías en entornos aislados como una cárcel. El Departamento de Psicología de Stanford asignó aleatoriamente a estudiantes voluntarios los roles de prisioneros y guardias en un laboratorio cerrado para intentar replicar lo que sucede en el interior de una prisión. Solo duró seis días, porque los estudiantes que hacían de guardias se volvieron cada vez más crueles e incluso empezaron a maltratar a los supuestos prisioneros; llegaron incluso a taparles la cabeza con bolsas, una forma muy extendida de tortura. Recuerdo haberte oído decir que la noticia de la paralización del experimento llegó hasta Dannemora, donde estabas encerrada.*

M.M: En ese momento se le prestó atención al tema porque era un grupo de blanquitos universitarios de Stanford. Resulta que los blanquitos que eligieron de guardias acabaron siendo unos pedazo de cabrones. Y, durante un instante, el mundo pudo ver un reflejo de lo que nos ocurría a diario como prisioneras de este sistema. ¡Mira qué fácil y rápido asumieron esos roles en su cárcel de pega!

T.M: A ti y a las personas encerradas contigo no os sorprendió cómo terminó el experimento.

M.M: No, a mí no, porque el poder corrompe. En un entorno tan marcado por ese tipo de desequilibrio de poder, donde unas personas pueden dominar a otras con tanta facilidad, ¿cómo no se van a producir abusos? La cosa va justamente de eso.

T.M: ¿En algún momento te ha parecido posible reformar la policía?

M.M: Como persona negra que soy, no. En cuanto me arrestaron, cambió mi opinión sobre el sistema de justicia. La primera vez que acabé en el calabozo ya vi que no es «justo». No es «imparcial». Al chico blanco que estaba conmigo lo mandaron a casa y yo acabé en una celda. El sistema no fue diseñado para ser justo y las cárceles se montaron para hacer lo que hacen. La gente que redacta el 99% de las leyes las concibe precisamente para que la protejan —a esa gente y su tremenda avaricia— del resto de nosotros. Las leyes casi nunca se hacen para protegernos y, en los pocos casos en los que es así, las infringen. Así de simple.

3

YO NO SOY LA CUOTA TRANS NEGRA DE NADIE

T.M: *Las personas que no pertenecen al ámbito queer no suelen ser conscientes de lo crueles que han sido los tíos cis gays, sobre todo con las mujeres trans, a lo largo de los años.*

M.M: Yo me llevo bien con algunos, con los que no son pretenciosos; no se dedican a restregarnos su superioridad cis masculina ni a mí ni a mi comunidad. Y me hablan de tú a tú. Tengo a mi alrededor a unos cuantos gays muy majos que de verdad me entienden, como Guy, Thom y Fredo, pero son más la excepción que la norma. Creo que tiene que ver con que los gays sientan cierto autodesprecio, porque los meten en el mismo saco que a las mujeres y las mujeres tienen que tragar mucha mierda, sean trans o no. Nadie quiere el estrés que la sociedad nos echa encima a las mujeres.

Pero no todo el mundo es así. Cuando conocí a Thom, por ejemplo, estaba trabajando de portera una noche en un club, en Hillcrest, cuando vivía en San Diego. Vino con el traje de una de las chicas que actuaba en el espectáculo y había una cola enorme para entrar, había mucha gente esa noche. Intentó entrar sin más y yo estaba a punto de saltar, porque se vino hasta el principio de la cola y pretendía colarse, y yo pensé: «Ah, no, esta vez ni de coña te sales con la tuya, Don Privilegio Masculino». Empezamos a chillarnos a ver quién gritaba más alto y acabamos yéndonos juntos a comer al día siguiente. Y cuando nos ven a Thom y a mí, es como si fuéramos hermanos, como si yo fuera su hermano de distinta madre. Y fíjate, cuando necesitas un donante de riñón te hacen una prueba para ver si hay compatibilidad, y resulta que nos dijeron que Thom y yo somos como hermanos. Cuando yo estaba en diálisis con todos esos problemas renales no le dije nada, pero se enteró, fue al médico y averiguó que éramos compatible. Y vino a San Francisco a contármelo y ya hicimos juntos todo el proceso. La verdad es que lo adoro.

T.M: *Sí, me encanta esa historia. Volviste a tener problemas de riñón cuando estábamos de viaje en 2018. Me asusté, porque eres la persona con el umbral del dolor más alto que conozco, pero no te podías ni mover del dolor. En algún momento estábamos en tu habitación y yo estaba hablando con Thom por el manos libres. Y empezaste a gritarle al teléfono: «¡Oye, el riñón este que me diste es una mierda, cabronazo! ¡Me va a hacer falta también el otro!»*

M.M: Se tatuó el riñón que me dio. Y luego me ha dicho que el otro riñón está en su testamento a mi nombre. Así que ni tan mal.

T.M: *Cuando no se invitó a las personas trans a participar en el primer desfile del Orgullo, ¿afectó en ese momento eso a tu decisión de unirte a otros movimientos en favor de la justicia?*

M.M: Al principio había un montón de gente blanca. Había muy pocos grupos para personas de color y, si veías a alguien de color, era una sola persona en un mar de blancos. Me di cuenta en cuanto empecé en la Mattachine Society en Chicago. Era uno de los primeros grupos a favor de los derechos de los gays, fundado por comunistas pero bastante conservadores culturalmente hablando, como de clase media. Si acaso había alguna persona negra en las reuniones de la Mattachine, igual era una sola pareja de lesbianas que se sentaban al fondo. Así que para mí dejó de tener sentido ya desde antes de empezar. Cuando surgió el movimiento en favor de los derechos homosexuales a finales de los 60, que seguramente habría sido algo más de mi rollo, acababan de pillarme por robo y estaba empezando una sentencia de 5 años. Leí sobre la primera marcha del Orgullo mientras estaba presa en Dannemora. Así que no, el acontecimiento que acabó haciéndose mundialmente conocido como «el Orgullo» no significó gran cosa para mí, la verdad. Y para cuando salí y pude ver el desfile, ya era... En fin, que no.

T.M: *El de Fort Lauderdale en 2019, ese va a ser el último Orgullo en el que hayas participado.*

M.M: Bueno, es que dijeron que iba a ser un desfile del Orgullo Trans y yo pensé: «Mira, si a las chicas les parece que necesitan un desfile, a eso me puedo sumar». Pero no era eso. Me mintieron porque se ve que pensaron que necesitaban a alguna «activista» con algo de credibilidad para compensar el hecho de que no era más que un montaje para llevarse el dinero de los turistas. Y el chico trans que me convenció para ir, pues mira, si las miradas matasen, ese cabrón estaría muerto y enterrado. Yo estaba furibunda. Y después en el desfile el tío estaba como si nada, de compadreo dándole la mano al alcalde. Yo no he venido para esta mierda. Y además, aparte de todas esas gilipolleces, yo no sé qué se creen que promocionaron. Yo iba ahí en el desfile en descapotable y esa gente no tenía ni puta idea de quién era yo. Uno tuvo la jeta de acercarse todo pedo al coche y preguntarme:

—¿Pero quién coño eres tú?

—¿Quién? ¿Yo? Alguien que no quiso tirarse a tu madre. La razón por la que tienes otro padre, pedazo de marica.

T.M: *En ese último Orgullo de Fort Lauderdale, se celebraba una gala para el museo sobre Stonewall de Fort Lauderdale, en el hotel Ritz Carlton de la playa. Sentaste al chico que te había llevado allí y le explicaste más o menos lo que acabas de decir: «Esto no es lo que nos habías vendido». ¿Por qué te molestaste en dedicar parte de tu tiempo a echarle la bronca, digámoslo así, pero sobre todo a intentar que entendiese que no podía volver a hacer algo así?*

M.M: Lo primero, porque, si iba a ser mi *show*, por así decirlo, entonces mis chicas tenían que haber podido ir. Deberían haberlo hecho accesible para ellas, con algunas entradas gratis, por ejemplo. Tú estabas ahí conmigo; entramos y no había ni rastro de ninguna de las chicas trans. Es muy triste que estos maricas se atrevan a pensar que están por encima y que mis reinas están por debajo de ellos. Así que, al final, era eso: o traes a las chicas, a las chicas de aquí, o yo no voy. Yo no conozco Fort Lauderdale, pero se supone que esto es para las chicas que viven aquí. De eso iba la cosa.

T.M: *Cuando yo crecía en un barrio de las afueras en los 90, la organización Human Rights Campaign (HRC) y* sus pegatinas azules y amarillas con el signo igual eran lo que más se acercaba a un símbolo del movimiento gay en mi entorno. La organización era una especie de portavoz del «movimiento LGBT», las personas a las que se dirigía la prensa para recabar la «perspectiva gay». Y su principal caballo de batalla era la legalización del matrimonio homosexual, que el Tribunal Supremo acabó aprobando justo antes del Orgullo de 2015. Yo no me podía ni imaginar lo estrecha de miras que era su idea de la liberación hasta que me mudé a San Francisco en 2006 y los grupos de la zona de la Bahía, Gay Shame [Vergüenza Gay] y Queers Undermining Israeli Terrorism [Queers contra el Terrorismo Israelí], organizaron un acto contra la explotación laboral delante de la tienda de HRC en el barrio de Castro. El objetivo era llamar la atención sobre el hecho de que HRC era una organización para homosexuales con dinero que no se preocupaban por las personas queer y trans que se veían obligadas a trabajar en fábricas extranjeras con condiciones laborales horrorosas para fabricar sus bolas de nieve de cristal. Tardé mucho en comprender hasta qué punto se centraban casi exclusivamente en los donantes con más dinero. Y entonces, en la década de los 2000 dejaron tiradas a las personas trans sacándolas del proyecto de Ley federal sobre la igualdad en el trabajo; para muchas personas trans, eso marcó un antes y un después en su relación con HRC.

M.M: En ese tipo de grupos se tenía la sensación de que estábamos «demasiado presentes» porque por fin empezábamos a vivir nuestra vida como queríamos. Cuanto más visibles nos hacíamos, con más ímpetu intentaban volver a meternos en el armario. Pero es que esta gente no se da cuenta de que, la mayoría de nosotras, cuando salimos del armario le prendemos fuego a la casa entera, y ya no queda armario que valga. ¿Y ahora

HRC se quiere disculpar porque ser trans esté de moda? ¿Después de echarnos a los pies de los caballos? No.

El problema es que hay por ahí unas cuantas organizaciones intentando conseguir pasta del Gobierno o de fundaciones y que se dedican a decir «Oh, sí, ofrecemos servicios transgénero», y en realidad no reconocerían a una mujer trans ni aunque entrase por la puerta y se mease en el suelo. Esa es la cuestión: las personas que trabajan en esas organizaciones tienen que entender que, si quieren el puto dinero, tendrán que tomarse la puta molestia de convertir su institución en un auténtico vehículo para nuestra liberación colectiva.

T.M: *Durante su primer año, el Gobierno de Biden creó una estructura burocrática para, como mínimo, dar la impresión de que se preocupaba por las personas trans: el Grupo de Trabajo Interinstitucional sobre Seguridad, Oportunidades e Inclusión para Personas Trans y con Diversidad de Género. Recuerdo que estuviste presente en una videoconferencia por Zoom junto con algunas otras personas trans y de género no normativo en octubre de 2021. Lo llamaron «círculo de escucha».*

M.M: Sí, me acuerdo. Eran como 47 caras blancas en el iPad; casi me quedo ciega.

T.M: *Sí. Yo lo estaba viendo desde fuera del encuadre y no parabas de mirarme como diciendo: «Pero ¿por qué me haces esto?». Y después de una hora de escuchar a directores de organizaciones sin ánimo de lucro pasándose la mano por el lomo y hablando del honor que suponía que les invitasen a esa videoconferencia, Bamby Salcedo les interrumpió. La conoces hace décadas; es una activista latina que dirige parte de las labores para detener las deportaciones y las desapa-*

riciones de inmigrantes trans a cargo del *Servicio de Control de Inmigración y Aduanas*, que han aumentado durante el mandato de Biden. *Se metió en la conversación para decirles que tenían que parar y dejarte hablar, porque eras una de las dos mujeres trans negras presentes en la videoconferencia. ¿Te acuerdas de lo que dijiste?*

M.M: Les dije la verdad: «Ya he estado antes en estas "sesiones de escucha" con el Gobierno de Obama y está muy bien que se nos dé la oportunidad de escuchar. ¿Pero qué se consiguió con esas sesiones de escucha hace diez años? Nada de nada». Pueden montar un departamento entero para arreglar los problemas que afrontamos las personas trans y cambiar la forma de dirigirse a nosotras, pero eso no cambia nuestra realidad.

Aun así, acabamos teniendo que hacer el trabajo por el que se supone que les pagan a las organizaciones sin ánimo de lucro. Tenemos que controlarlas, que comprobar si de verdad están haciendo lo que dicen que hacen. Es como ver a alguien detrás de una ventana. No distingues quién es, pero sabes que está ahí. Si te cuesta una hora quitar la mierda para poder saber de quién se trata, no hay transparencia. Habrá gente que lo deje y no llegue a ver quién está detrás de la ventana, pero al final siempre habrá alguien que siga rascando hasta averiguar quién eres de verdad. Hay que trabajar con honradez y transparencia. Y si no están haciendo lo que se supone que tienen que hacer por nosotras, entonces es mejor llamar a alguien que pueda quitarles esa pasta. Toca despotricar y quejarse. No podemos dejar que paguen a esos mamones a nuestra costa. Ya está bien de ser complacientes.

En el 69 creíamos que las cosas iban a mejorar. Y no mejoraron; para nosotras no. No puede importarme menos casarme con algún cabrón a estas alturas de mi vida, pero los maricas están encantados. «¡Viva!» Mira toda la pasta que se gastaron esos gays para que se aprobase el proyecto de Ley del matrimonio. Millones de dólares que se podían haber dedicado a que las chicas de la calle tuvieran un lugar donde vivir. ¿Y para qué? ¿Para tener un contrato matrimonial? «Bueno, ¿y qué pasa si no con mi superpiso?». El matrimonio es un papelito del Gobierno. ¡Un puto papel de mierda! ¿Sabes qué? Que eso se resuelve con una simple cerilla.

T.M: *Así que la próxima vez que Human Rights Campaign te pida que vayas a algún acto para recaudar fondos...*

M.M: Que den la vuelta, que den marcha atrás y no paren; y que ni se les ocurra acercarse por aquí. Que me borren de su puto GPS. No hay nada que puedan hacer para rectificar esto. Quieren conseguir pasta usándonos, porque ahora mismo ser trans es «lo que toca». Eso está muy bien, pero ¿qué va a pasar cuando se cansen de nosotras? No nos están dando ni el dinero ni los medios para que podamos protegernos ni vivir.

Y no son solo las organizaciones, son las personas que las respaldan. Suelen ser hombres gays blancos muy subiditos y lesbianas. Son un grupo de gente para la que parece que mis chicas y chicos y las personas de género no normativo no deberían existir, y desde luego tampoco reconocen la existencia del privilegio blanco.

—Bueno, es que yo nunca me he beneficiado del privilegio blanco.

—Mira, tía, el mero hecho de que puedas decir eso y de que lo hayas dicho ya es privilegio blanco. Es que ¿perdona? ¿Con quién coño te crees que estás hablando?

—Es que tengo amigos negros.

—Sí, querida, tu chacha, y desde luego no la ves fuera de casa.

Y por eso ha sido difícil intentar montar estas cosas, el centro de acogida, el TGIJP y ahora este proyecto nuevo para las chicas del sur, TILIFI (Tell It Like It Fuckin' Is [Las cosas como son, hostia]). Si buscas financiación, hay que cumplir un montón de criterios: hay que ir a cenas, a reuniones, y llevar «la etiqueta que corresponde a la ocasión». ¿Qué coño es la etiqueta que corresponde a la ocasión? Y mira, yo lo siento mucho, si quieres que vaya a una reunión y estoy hablando yo, entonces me vas a tener que escuchar. Soy una mamá osa bien grande, muy ciego tienes que estar para no verme, ¿sabes?

T.M: El año anterior al 50.° aniversario, pasé caminando por delante de la tienda de Saks Fifth Avenue, cerca de Union Square, en San Francisco, justo al lado del barrio del Tenderloin y de Compton [en la cafetería Compton hubo una revuelta trans y queer contra la policía tres años antes de Stonewall]. En el escaparate de Saks había unos cuantos maniquís de trabajadoras sexuales con trajes de falda de diseño de 800 dólares y carteles que decían «¡No os olvidéis de Compton!». Si Saks se estaba apropiando de Compton, lo de Stonewall iba a ser ya otro nivel. La marca Coach quería que salieras en sus anuncios de bolsos para el Orgullo y se dirigieron a ti con el pretexto de que necesitaban que fueras visible para el «Orgullo trans negro» y te ofrecieron un montón de dinero. Pero es que no son solo las empresas, también lo hacen las propias organizaciones del Orgullo y las asociaciones sin ánimo de lucro más consolidadas. Para la marcha mundial del Orgullo de Nueva York, tenían tanta necesidad de cubrir el expediente que mandaron a un chico gay negro y una chica trans latina a Little Rock para intentar convencerte de que fueras y tener así su cuota bien cubierta.

M.M: Fueron muy majos. No quería que tuvieran problemas con su jefe, así que les dije: «Va a ser que no, pero podéis volver y decirle al jefe que he dicho que igual, que no sé».

Cuando desfilé como invitada de honor en el Orgullo de San Francisco en 2014, fui la primera mujer trans negra en recibir esa distinción. Solo lo hice porque algunas de mis chicas y de la gente de mi comunidad dijeron que significaría mucho para ellas. Pero a esos maricas les importaba una mierda quién era yo o qué representaba. Janet Mock dio un discurso estupendo y mientras ellos no paraban de mirar el móvil. Después de experiencias así, yo ya paso.

Para cuando los bomberos terminaron de apagar todos los incendios del Village, los maricas ya nos habían quitado Stonewall. Si les preguntabas a ellos, era como si nosotras no hubiéramos estado allí. En los libros y los documentales no hay más que lesbianas y tíos blancos. Una puta mentira es lo que es. Una mentira que aún sigue circulando por ahí. Se ha blanqueado todo. Si queréis pasarlo todo por lejía y dejarlo bien blanquito, pues muy bien, pero que yo sepa no soy Michael Jackson, yo quiero quedarme de mi color. Toca mucho los cojones, pero tampoco te puedes quedar pensando en eso. No puedes coger a una persona blanca, ignorante, privilegiada, que se cree que tiene derecho a todo y conseguir que entienda cómo es no saber qué vas a poder comer al día siguiente, no tener ropa limpia o no tener un trabajo al que ir. Así que seguimos luchando, porque no podemos hacer otra cosa: seguir movilizándonos y mantenernos fuertes. Y hacer que esos cabronazos paguen cada vez que tengamos ocasión.

T.M: *Cuando nos conocimos, lo que hacías con el TGIJP no se parecía a la idea de activismo que impera en la sociedad: hacer voluntariado, trabajar en una organización sin ánimo de lucro y ejercer presión sobre la persona que te representa en el Congreso con la esperanza de conseguir algún cambio minúsculo en la legislación para que el mundo sea un lugar un poquito mejor. Y, por supuesto, quien se lleva el mérito es el representante político, no los activistas que le han incitado a buscar ese cambio. El TGIJP era distinto; lo dirigíais Bobbie-Jean y Melenie, tus hermanas trans, y tú, un trío imponente con el objetivo de ayudar a salir a las chicas que estaban presas y a los miembros de la comunidad. Os metíais en las oficinas de los directores de los refugios para personas sin hogar y les preguntabais por qué permitían el abuso y el maltrato contra las personas trans que necesitaban una cama. Has descrito el TGIJP más como una gran familia extensa que como una organización sin ánimo de lucro. Todas teníais personalidades «alfa» a vuestra manera. ¿Cómo se consigue mantener la estructura de una organización de este tipo, que es más como una familia y no una jerarquía corporativa con un director ejecutivo, un presidente y directivos, y todo el mundo ocupando su rol en una escala jerárquica?*

M.M: Cuando Alex Lee puso en marcha el TGIJP después de graduarse en derecho y me acabó pasando el testigo, ya habíamos decidido que esta organización, como la mayoría de las cosas en las que me he involucrado desde entonces, sería para las chicas. En plural. Bobbie-Jean, Melenie y yo teníamos cada una nuestros puntos débiles y nuestros puntos fuertes, y muchas veces una llegaba donde la otra no. Descubrimos que podíamos trabajar juntas, que no siempre es fácil, sobre todo teniendo en cuenta que las tres somos unas cabronas muy bocazas. Todo esto pasó antes de Internet, y una cosa importante es que nos conocíamos entre nosotras de vernos por el Tenderloin, de sobrevivir y trabajar por el barrio. Las tres sabíamos cómo era ser trans y pasar por el sistema penitenciario. Pero, al fin y al cabo, lo que hizo posible esa colaboración fue el respeto mutuo y el vínculo de sororidad. Lo que has dicho: más que una organización sin ánimo de lucro, era una familia.

T.M: *Antes de meterte en el TGIJP, trabajaste en el Centro de Recursos para el Sida del Tenderloin (TARC) en los años 90, cuando las organizaciones sin ánimo de lucro empezaron a volverse más distantes, más profesionalizadas y con un modelo corporativo.*

M.M: Si quieres un sitio para ayudar solo a maricas blancos ricos, pues estupendo. Pero desde luego a mis chicas ni se les iba a ocurrir acercarse ahí. No es un entorno sanador ni acogedor para ellas. Por eso, en todos los sitios en los que he trabajado intento hacer que se sientan como en casa, aunque solo se queden a pasar la noche o unas horas.

La clave es construir algo no solo para ponerlo al servicio de otra persona, sino que lo construya una persona para sí misma y para todas las demás que también puedan necesitarlo. Las personas tienen que organizar por sí mismas sus propios espacios de seguridad, sitios en los que puedan sentir cierta libertad. No es que nadie más vaya a hacerlo por ti, es que nadie más puede, por definición. Es algo que intento recalcar en todos mis proyectos: tenemos que aprender a impulsar las cosas por nosotras mismas.

T.M: El TARC estaba en el Tenderloin, en San Francisco, que se sigue considerando la parte «dura» del centro de la ciudad, y aun así el director ejecutivo del TARC intentó cerrar el centro de acogida para trabajadoras sexuales trans que habías abierto.

M.M: Algunos miembros del personal sabíamos que no estábamos actuando al servicio de la gente para la que se suponía que estábamos trabajando. Así que en una de las reuniones de personal tuve que ponerme en pie. «La gente está empezando a ponerse nerviosa. Y ya es hora de hacer algo al respecto; es hora de ocuparse de nuestra gente». El director era un hombre gay blanco puesto ahí por otro hombre gay blanco.

Yo no he llegado a los 80 años siendo dulce y comedida. No soy una puta florecilla. Soy un cactus, qué pasa. Esos cabronazos suelen pasarse el día con el móvil, comprando ropa online, lubricante o lo que sea que hagan. Lo que desde luego no hacen es tener en cuenta el tiempo que todo eso nos supone a las que sobrevivimos por los pelos, las que tenemos que dedicar menos tiempo a hacer la calle para ver si vosotros, cabronazos, nos ayudáis, como se supone que ibais a hacer. Está muy bien que vayas por ahí diciendo que eres activista, pero ¿qué es lo que tu comunidad dice de ti? Pues dice que eres un gilipollas falso, mentiroso y traicionero. Porque te conocen de verdad. Saben que eres una víbora a la que se la pela todo. Mucha gente habla de activismo o pone un tuit y con eso ya les vale. Eso no es hacer lo que hay que hacer. Sal a la calle. Mójate.

T.M: Sí. El aumento de visibilidad de las mujeres trans de los últimos años en realidad no ha cambiado las condiciones de la mayoría de la comunidad.

M.M: No paran de poner en la tele programas sobre la cultura *ball*, pero nadie se interesa por sus inicios. Yo conocí a Crystal LaBeija y la Casa de Xtravaganza cuando nació la cultura del *ballroom*. Estábamos todas en Nueva York cuando empezó. La gente cree en la premisa de las Casas que cuidan de sus criaturas, les encanta la idea y supongo que, en cierto sentido, eso es bueno. Igual hace que algunas personas se abran a la posibilidad de las familias queer, familias sin lazos de sangre; es la idea de que no hacen falta licencias matrimoniales ni certificados de nacimiento para demostrar nada a nadie. Pero en la mayoría de los casos no es más que un blanqueamiento de la realidad que nos convierte en objetos para cubrir una cuota. «Mira, tenemos una persona trans, ya hemos cubierto el cupo anual».

Si vas a usarnos como símbolo para figurar y cubrir el expediente, por lo menos ten la decencia de pensar que igual no somos tan imbéciles como te crees. Atrévete a decirnos: «Esto es lo que hay. Te contratamos porque necesitamos cubrir la cuota de diversidad y, por cierto, te vamos a pagar la mitad que a ese tío blanco que hace el mismo trabajo que tú». Me he encontrado mucha más honradez haciendo la calle que en los últimos desfiles del Orgullo a los que he ido. A ver, gilipollas, me has traído aquí para que el público vea que te preocupas por las chicas, pero no es verdad; ahí no hay ni pizca de honradez ni de transparencia. ¿Y qué tal si dejamos que las trabajadoras sexuales hagan su trabajo? Porque seguramente cualquier polla que chupen estará más limpia que la agenda oculta de un gay o una lesbiana horribles que en 2019 vieron un día un anuncio de *Pose* y entonces se les ocurrió llamar a sus subalternos para decirles: «Oye, tenemos que poner a una persona negra en una carroza en el próximo desfile del Orgullo».

Está muy bien que pusieran a Laverne Cox en la portada de la revista *Time* en 2014, pero yo no puedo evitar pensar: ¿y qué ha hecho para ayudar a las chicas trans corrientes que están en la calle? La visibilidad en la cultura dominante no ha ayudado en general y en profundidad a nuestra comunidad; de hecho, más bien la ha perjudicado. La imagen que se ha hecho la gente cis de la comunidad no es una imagen real que se corresponda con las chicas que consiguen sobrevivir como pueden. No es la vida real. No nos permite sobrevivir. No ha parado los asesinatos ni los maltratos.

II
QUE LE DEN A LA MARIPOSA, QUÉDATE CON LA ORUGA

4

QUÉDATE CON EL TRAVELO

T.M: *¿A qué te refieres cuando dices: «Solo soy una más de las chicas»?*

M.M: Es verdad.

T.M: *La mayoría de la gente que va a ver tus actos y se queda al acabar para conocerte seguramente no esté de acuerdo.*

M.M: Da igual lo que los demás piensen de mí, lo único que importa es lo que yo piense de mí misma. Me costó una eternidad comprender quién era cuando era más joven. En esos momentos no sabes con quién hablar, sientes que estás sola y que no hay nadie más en el mundo con tus problemas. Hay una incomodidad, pero no dispones de las palabras ni de la capacidad de entender exactamente cuál es tu sitio. A veces, una persona más mayor se fijaba y decía: «Tú eres diferente»; y eso ya era razón de sobra para joderte. Con el tiempo, te das cuenta de que eso pasa porque esas personas no están cómodas consigo mismas. Pero mira qué suerte, a la que joden es a ti, a ver si así se sienten mejor aunque no sepan cuál es su sitio. Y luego vas cumpliendo años, sales más y te das cuenta de que hay más gente por ahí. Y a veces te encuentras una persona trans: «Anda, mira, somos dos». Pasa el tiempo y ves que sois tres y, al final, resulta que existe una comunidad.

T.M: Os unen más cosas de las que os separan.

M.M: Eso es. Si no me llevo bien con una de las chicas, no me dedico a darle demasiadas vueltas ni a putearla cada vez que coincidimos en la misma habitación; o en la misma sala de Zoom, habría que decir estos días. Al final, las chicas trans y negras, nativas americanas, mexicanas o palestinas compartimos en parte las mismas preocupaciones y, en distinta medida, hemos tenido que lidiar con exactamente la misma mierda.

T.M: Cuando llegaste a Nueva York, Marsha P. Johnson y Sylvia Rivera estaban intentando crear vínculos entre las personas que formaban parte del llamado movimiento de liberación homosexual, a gran escala.

M.M: Marsha, Sylvia y algunas de las chicas más mayores trataban de protegernos en un momento en el que éramos demasiado jóvenes e ingenuas para saber siquiera que necesitábamos protección. Intentaban educarnos. Ellas eran chicas del Village y yo vivía en el Upper West Side, pero su intención era que nos juntáramos para formar un frente unido ante lo que se nos venía encima.

T.M: La «era de los derechos civiles», como la llaman en los libros de historia y los medios de comunicación convencionales.

M.M: Justamente. Sylvia fue la primera en darse cuenta. Junto con otras chicas del Village, puso en marcha STAR (Street Transvestite Action Revolutionaries [Acción Travesti Callejera Revolucionaria]) y organizaron protestas para detener los abusos de la policía y de todo el mundo; acabaron haciéndose con una casa para algunas de las chicas que vivían en la calle. Sylvia estaba en el Village y yo más al norte de la ciudad, en Amsterdam Avenue con la 84. Eran de la generación anterior a las chicas con las que yo tenía más relación, pero las admirábamos mucho porque intentaban que absolutamente todas las chicas nos uniéramos, como los gays y las lesbianas que formaban todos esos grupos. No nos podíamos ni imaginar que los maricas que estaban venga decir que habían comenzado esta revolución sexual fueran a fingir que nosotras ni siquiera existíamos.

T.M: *¿Cuál fue la primera reunión política en la que estuviste?*

M.M: La primera reunión considerada activista a la que asistí fue la de la Mattachine Society en la sección de Chicago. Todos los tíos llevaban trajecitos entallados y compraron vestidos con enaguas de crinolina para las lesbianas masculinas. Y tenían clases para aprender cómo integrarse mejor en la sociedad, para ser «como todos los demás». Lo único que yo hacía ahí era tomar notas, ir corriendo a por dónuts y responder al teléfono, porque les gustaba mi voz. No duré mucho.

T.M: *¿Era como la celebración de* Quinceañera *para los católicos? ¿Como una escuela de buenos modales, de presentación en sociedad?*

M.M: Sí, eso es. Más o menos una vez al mes iba a la reunión y todos los miembros desfilaban por ahí mientras yo estaba en una esquina con mi bloc de notas. Tenían que ir todos de negro y los chicos tenían que llevar trajes entallados, camisa, corbata y zapatos de punta. Las chicas tenían que llevar enaguas y faldas con miriñaque, cinturón y un bolsito. Y zapatos con un tacón de seis centímetros, que es lo que llevaban habitualmente muchas mujeres en esa época.

T.M: ¿Seis centímetros? ¿No podían llevar nada más bajo?

M.M: No. Fue una experiencia curiosa, pero no, la verdad es que no me los podía tomar muy en serio. Me resultó muy útil, porque vi cuál era su punto de vista en esa época. Y era lo que yo pretendía. Gracias a la Mattachine Society me di cuenta de que algunas personas lo que quieren es integrarse en la sociedad. Ver a los tíos arreglarse de esa manera, con esa obsesión por fingir ser hetero, fingir ser lo que sea que para ellos fuera lo masculino... Era gracioso de ver, la verdad, no hay otra forma de decirlo. Me recuerda a los años 50, cuando todo el mundo tenía los muebles del salón tapados con plástico para que la gente que fuese de visita se sentase y se comportase como es debido. Lo que a mí me daba pena de la Mattachine Society era pensar por qué alguien iba a querer integrarse para formar parte de algo tan aborrecible. ¿Integrarse en esta sociedad a la que le traía sin el más mínimo cuidado que nos extinguiéramos? Con el horror y el dolor que experimentaban estas personas. Yo no puedo retroceder, esconderme en un armario y que me borren de esa manera.

T.M: Tampoco formabas parte del movimiento por los derechos de las mujeres en esa época. Y sigue habiendo por ahí muchas TERF [feministas radicales transexcluyentes, por sus siglas en inglés], personas que aseguran defender posiciones políticas radicales, pero que no aceptan que las mujeres trans sean mujeres. Tu primer contacto con las TERF...

M.M: Lo que pasó es que un par de mujeres que conocía, supermasculinas, consideraban que tenían mucho que decir sobre los hombres trans. A mí es que no me cabía en la cabeza. El sexismo de la sociedad afecta a todo el mundo y yo pensaba que ellas entenderían muy bien eso. Pero no. Su cruzada en ese momento era reprocharles: «No sois hombres de verdad». Las personas que dirigían el movimiento por los derechos de las mujeres pensaban que dejarnos tiradas haría avanzar al movimiento. En los años 70, no dejaban entrar a las chicas trans a la conferencia esa que celebraban en Míchigan una vez al año. Y por ese tipo de cosas empecé a cambiar de actitud.

T.M: ¿Te refieres al Womyn's Music Festival [Festival de Música de Mujeres] de Míchigan? ¿El festival de «mujeres nacidas mujeres»?

M.M: Sí, intentaban meternos de vuelta en el armario, al fondo del todo, donde se quedan los abrigos hechos trizas que solo guardas porque tu madre se los puso una vez vete a saber cuándo. Era alucinante, así que eso inició nuestro éxodo del movimiento de las mujeres.

T.M: Al final dejaron de celebrar el festival en 2015 porque bastante gente dijo que había que terminar ya con esa mierda tan trasnochada.

M.M: No se puede ir por ahí pregonando que estás a favor de la justicia y de lo correcto y luego hacer lo contrario. Así que mucho mejor.

T.M: *Para eso, mejor haz algo nuevo.*

M.M: Eso es, justamente. ¡Gracias! Quiero que las chicas se den cuenta de que las presiones que hemos vivido como mujeres trans nos han convertido en unas tipas muy duras. Es que vivimos los malos tratos de la gente de forma directa. Una de cada cinco hemos vivido en la calle en algún momento. Mientras crecemos sufrimos los abusos y malos tratos de nuestra familia, que en teoría son las personas que tienen que querernos y cuidarnos. Y cuando se enteran de lo que hay... silencio sepulcral.

La pregunta más estúpida que me hicieron mis padres fue: «Ay, ¿no puedes ser gay y ya está?». «¿Gay y ya está? Pues menudo rollo, ¿no? Yo no quiero ser nada "y ya está"». Eso les respondí. Mi pregunta es: ¿por qué las personas prefieren que las acepte el gobierno que creó este sistema en lugar de aceptarse ellas a sí mismas? En términos de relaciones interpersonales, las chicas sufren las consecuencias del comportamiento de gays y lesbianas igual que cualquier otro mal trato, a veces incluso más. Hasta hace cinco años exactos, para ellos ni existíamos.

T.M: *Has mencionado que Sylvia Rivera y Marsha P. Johnson lo pasaron mal con ese tema.*

M.M: Cuando Sylvia y Marsha montaron STAR, la «comunidad» se cebó con las chicas. «No les hagáis caso, no son más que putas, yonkis, alcohólicas y locas. No forman parte de esto», decían. Los mariquitas que andaban por el Village en esa época nos lo hicieron pasar mal a todas. Pero, si te paras un momento a pensarlo, no es nada difícil de entender: si tuvieras que sobrevivir cada día en la calle para pagar el alquiler y un tazón de sopa *wor wonton* en lo más crudo del invierno, cuando en Nueva York estamos a 0 °C, pues sí, claro que bebes. E igual también te hacen falta drogas, porque tienes que mantenerte despierta y hacer clientes para sacar algo de pasta hasta el día siguiente. Y al día siguiente, vuelta a empezar. Eso no te convierte en una yonki de mierda que no se merece tener voz en el movimiento porque la sociedad no te considera digna de respeto. Mucha de la gente que vive en la calle no se apaña en el mundo académico; hay personas del entorno de la iglesia que solo se mueven bien en sus pequeños círculos de gente religiosa. Al final, la cosa es asegurarte de que, más que conocimientos, aprendes las capacidades necesarias para preservar tu existencia. Es una guerra. Hay que seguir luchando, no queda otra. Y yo tengo que seguir luchando hasta que mejore, hasta que el mundo esté lleno de orugas.

T.M: *Me da la sensación de que eso es lo que distingue a las personas con talento para organizar y coordinar: hacen que sientas la necesidad de...*

M.M: ...de actuar, de hacer lo correcto. Mira, una de las cosas que me dijo un día mi madre, ni más ni menos, por extraño que parezca, fue la siguiente: «Cuando haces cosas, no puedes hacerlas para llevarte el mérito de todo ni para decirle al mundo que las estás haciendo. Pero sí que quieres que alguien lo sepa, para que todo el bien que has hecho se transmita a través de las personas que lo saben. Y así tienes la esperanza de que esas personas también intentarán hacer algo». Siempre intento tener eso presente. Janet Mock me dijo que no sabía que me necesitaba hasta que me conoció; creo que es la cosa más bonita que te pueden decir.

T.M: *En su primer libro escribió que no tenía muchos modelos de conducta.*

M.M: Así era cuando yo me crie y así sigue siendo para la mayoría de las chicas. No tienen a nadie en quien apoyarse, así que solo pueden guiarse por esto [se señala el corazón].

T.M: *En muchos sentidos, es como criarse una misma.*

M.M: Eso es. Y no solo eso: criar y educar a cualquiera que se te acerque a menos de un metro.

T.M: *Tú siempre vas por ahí enseñando «Fundamentos de lo trans» a gente desconocida.*

M.M: Sí, sí. Todo el rato. En todas partes. Vas a la tienda y la dependienta te habla. El reponedor te habla. Si te encuentras con otros clientes, también se van a poner a hacerte preguntas. Siempre estás en guardia, siempre. Y, una vez que se pone en marcha, casi nunca es algo que puedas parar. Tú estás en modo supervivencia y los demás, en modo preguntón. Si quieres salir al mundo, tienes que decir algo y luego ya esperar que los demás se aclaren con eso.

T.M: *Ojalá pudieras destilar esa parte de ti y dársela a la gente en un frasco, y me incluyo en esa gente. Tienes ese tipo de empatía tan especial que reconocen muchas personas diferentes. Y realmente haces de psicóloga para muchas de las chicas, los chicos y las personas de género no normativo. Tienes más de mil números guardados en tu teléfono, lo sé porque tengo que ir revisando la agenda y poner fotos de la gente junto a su número.*

M.M: Bueno, pocas de nosotras, de las chicas trans, llegamos a mayores. Y muchas no hemos tenido una figura materna cuando éramos jóvenes. Ahora me llaman abuela. Cuando tuve a Christopher, y ahora que Asiah por fin se ha decidido a aparecer, las dos veces tuve la sensación de que iba a ocurrir. Era una cuestión de intuición. Sabía que era posible.

T.M: *La gente te escribe y te cuenta en persona que le haces sentirse cómoda consigo misma. Recuerdo una de las primeras veces que yo lo presencié: una de las chicas hacía cola para conocerte después de un evento y se echó a llorar cuando por fin le tocó el turno. Tendría unos 20 años y dijo que lo que más le había afectado del documental, y por lo tanto de ti, fue que nunca había visto a otra persona de la comunidad valorar y alegrarse de verdad por los éxitos o los logros de otra chica trans negra. Te decía «Es que no creo que nunca haya estado en una situación en la que no nos hayan hecho enfrentarnos unas a otras», y explicaba que para ella había sido muy importante ver el amor que tú expresabas hacia las demás personas trans en el documental. Ver que era posible querer a otra mujer trans, de forma platónica, y no tener que competir con ella.*

M.M: Bueno, la gente siempre puede sentir algo de celos por la buena suerte que esté teniendo otra persona. La chica me contó que había echado para atrás y vuelto a ver la parte del documental en la que llevo a Tracie a la universidad para que vea de qué va la cosa. Yo fui para conseguir un préstamo de estudios, así es como estas llegaron a existir [saca pecho]. Y le cuento a Tracie la suerte que tuve. Lo que pasa con Tracie... No es que yo tuviera ganas de aguantar a los cabrones de la universidad ni de rellenar todos esos formularios de mierda. Pero le estaba costando mucho saber qué hacer en la vida. Y lo mismo a Julienne Brown, Mizz June cuando yo la conocí. Solía preguntar: «¿Qué voy a hacer con mi carrera?». Y ahora June canta, hace teatro y tiene su organización, el Proyecto HAF (Heavenly Angel Fund) [Fondo de Ángeles Celestiales]. Y me alegro mucho por ella, porque si alguien tiene la oportunidad de hacer algo bueno y yo he contribuido a que eso ocurra en alguna medida, me siento orgullosa. Pensar de esa manera me mantiene estable y la estabilidad es lo que me permite hacer lo que hago. A veces, cuando doy algún discurso, se me acerca alguna delicada florecilla, alguna persona homosexual muy joven, para decirme que uno de los discursos que ha oído o algo que ha leído sobre mí le cambió la vida y que gracias a eso sigue viva a día de hoy. La verdad es que cuesta no echarse a llorar.

Cuando yo era más joven había menos competencia; ahora cada chica tiene que arreglárselas por su cuenta. Está todo muy segregado, a mí se me hace... Muy raro. No hay nada comunitario. Y una de las cosas que me preocupan con TILIFI y el activismo al que me dedico ahora es crear una sensación de familia. Y otra cosa: ¿qué quiere decir «relajarse»? A las chicas negras no nos lo enseña nadie. A respirar, a sentarnos con nuestros propios pensamientos... ¿Sabes lo que quiero decir? A usar la imaginación. Tiene gracia, porque lo fomentan hasta los siete años o así. Y luego ya hacen todo lo que pueden para quitarte esa idea. Y entonces tú, como persona, tienes que averiguar qué hacer para conservar algo de todo eso. ¿Qué haces para mantener a flote esa soltura que tenías, para poder seguir encontrándote con la gente en el lugar en el que estén, en esos distintos planos de lo emocional y lo espiritual?

T.M: *Cuando te hablo de lo que está ocurriendo en el mundo, me ayuda conversar con alguien que ha pasado por muchas más cosas que yo y durante mucho más tiempo, y que me asegura que no está mal sentir que el mundo está hecho una mierda y que no tiene arreglo, pero que siempre puedes intentar arreglar lo que está a tu alcance con las capacidades que tengas.*

M.M: Ese es el objetivo de TILIFI: tener una casa en la que puedan juntarse las chicas de distintas partes del sur para comer, nadar, organizarse y darse cuenta de que todas formamos parte de esta familia trans. Porque eso de que las chicas de la comunidad compitan entre sí, siendo una comunidad tan pequeña, no nos va a hacer más que daño. La gente es pesadísima con eso de que este país se fundó sobre la base de la competencia. Pues mira, vamos a echar un vistazo: ¿qué tal ha salido eso? Mi sueño es darle a mi comunidad, a la gente de género no normativo, un lugar al que acudir y en el que aprender, porque no tenemos muchas personas mayores y con experiencia con las que hablar. Quiero que la gente más joven sepa que ha habido personas trans desde siempre y que sepan lo que hemos hecho para sobrevivir.

Cuando me traje a alguna de las chicas y empezaron a trabajar con el grupo de Ángeles del Cuidado, algunas no habían visto nunca a un tío con VIH. No habían visto un sarcoma de Kaposi ni lo que la enfermedad le hace al cuerpo. En todos los apartamentos había fotos de los chicos de más jóvenes. Casi todos eran unas criaturas celestiales bellísimas. Solían cogérselo los más guapos, que eran los que andaban por ahí de polvo en polvo. Podían acostarse con quien quisieran. Los primeros días, las chicas siempre se sorprendían al ver las fotos de antes de la enfermedad en la entrada y llegar luego al dormitorio y encontrarse con esa «cosa» de la que tenían que ocuparse. Me costó bastante que algunas entendieran que la de la foto y la del cuarto eran la misma persona. Estás cuidando a un ser humano.

Pero bueno, la mayoría de nosotras sí sabíamos lo que era el sida. Todo el mundo tenía mucho miedo de lo que les pasaba, menos nosotras. Supongo que porque, siendo prostitutas, sabíamos lo que significaba y que era una enfermedad de transmisión sexual. Así que tampoco nos volvíamos muy locas con eso. «No lo voy a pillar fregando los platos ni haciéndole la comida». Les daba a las chicas la oportunidad de conseguir un trabajo «legítimo». Porque las familias no querían saber nada y los amigos huían como ratas. ¡Puf, no veas! Sobre todo cuando los enfermos llegaban a lo que llamaban «la rampa»; la rampa de salida. Cada vez que solicitaba un trabajo de cuidadora, los familiares estaban ahí, ¿pero los amantes dónde estaban? Nadie les había invitado. Y los padres te preguntaban cosas como: «¿Lo puedes levantar? ¿Puedes levantar 70 kg? ¿O 130 kg?» Por suerte, muchas de las chicas éramos más grandes que el oso de tamaño medio. «Sí, créeme, puedo levantar ese peso».

Y al final acabé yendo a una clase de asistencia a domicilio y creé esa agencia, los Ángeles del Cuidado. No eran más que mis chicas y un par de chicos trans que se ocupaban de cuidar de los enfermos: lavar la ropa, hacerles la comida, bañarlos, llevarlos al hospital y ayudarles con la medicación. Y cuando se morían ayudaban a la familia a organizar sus cosas.

T.M: ¿Cómo eran los tíos a los que cuidabais?

M.M: Pues mira, en la primera casa a la que fui, el tío me preguntó: «¿Cómo de grande tienes la polla?». «¿Y eso qué tiene que ver con fregar los platos y hacerte la comida? ¡Que no voy a revolver la comida con la polla, hostia!» Pero hubo un par que, por lo bien que les cuidaron las chicas, acabaron dejándonos su coche, sus cuadros y cosas así. Y las familias amenazaron con demandarnos si no lo devolvíamos, ¿te lo puedes creer? Yo no daba crédito; «no queríais tocarlo ni con un palo mientras estaba ahí moribundo». Pero, gracias a los Ángeles del Cuidado, algunas de las chicas no solo tuvieron ese trabajo de cuidadoras, sino que luego salieron del ámbito del VIH y adaptaron esos conocimientos a otras áreas de la atención sanitaria. Y siguieron trabajando y manteniendo a nuestra gente a salvo. Algunas acabaron trabajando para los Centros para el Control y la Prevención de Enfermedades cuando nos dejaron formar a los médicos, porque nadie tenía información tan directa como nosotras, ¿sabes? Para entonces llevábamos años ocupándonos de eso.

Es una pena, porque a día de hoy seguimos infectándonos por VIH más que ningún otro grupo. Para conseguir ayudas aquí en San Francisco, muchas de las chicas tienen que tener sida. Así que, si vienes de Oklahoma, estás limpia y no lo tienes, así es la cosa: «¿Me pueden dar comida?» No. «¿Tengo Seguridad Social?» No. «¿Puedo...?» No. Así que sales por ahí, te lo coges, vuelves y ya tienes una casa, cupones para conseguir comida y el Seguro Social por Incapacidad. Es terrible decirle a una generación entera que solo le vas a ayudar si se coge una enfermedad que va a acabar matándola y haciéndole desaparecer, que es lo que querían desde el principio. Terrorífico.

5

NUNCA PRETENDÍ TENER *PASSING*

T.M: *Una de las cosas que más llama la atención tanto a las personas que hace tiempo que te conocen como a los desconocidos es cómo decides lo que el género significa para ti misma. Tu autoexpresión, que no es binaria. Y eso sigue siendo muy radical para casi todo el mundo. Hay gente más joven que ya lo entiende, pero igual eres la primera persona a la que le han oído decirlo encima de un escenario, una persona a la que respetan. La gente dedica mucho tiempo y dinero a «pasar» como cis, que no se note que son trans.*

M.M: Mi objetivo inicial no era tener *passing*. Simplemente me cansé de ir por ahí dejándome los dientes de hostia en hostia. Cuando iba a un restaurante, solía esperar a que me diesen una mesa en la que pudiera sentarme de espaldas a la pared para que nadie pudiera acercarse y pillarme desprevenida. Cuando empecé con todo esto, la gente me decía: «¿Pero por qué eres así?». «Pues porque me gustan las tetas y en vez de ir por ahí tocando las de las demás, así puedo tocarme las mías. Mira, cariño, soy un marica con tetas, ya está». Los deja alucinados.

Es como ir por una carretera; no importa si es el camino de baldosas amarillas, asfalto o gravilla. Es una carretera y punto, y te lleva adondequiera que vayas. El verdadero viaje depende de cómo uses esa carretera: si te quedas y la recorres o si te aventuras a abandonarla y a crear tu propio camino, que, después de transitarlo unas cuantas veces, acaba convirtiéndose en otra carretera. Parte del viaje es darte cuenta de que vas a estar bien tal y como eres. Mejor que bien. Por muy oscuro que se ponga al camino, siempre hay luz en alguna parte. Si no la encuentras, tienes que seguir avanzando hasta que la veas. Y no rendirte nunca. Nunca puedes decir: «Ya está, no puedo más». Sí, sí que puedes: tienes que seguir avanzando y ya está. Igual te cuesta años, algunas florecemos más tarde, pero acabarás averiguando cómo moverte por este mundo cishetero, igual que todas las demás personas que no son blancas y no vienen de familias de dinero. Tienes que mantenerte bien firme donde estás, protegerte de las cosas del mundo que te hacen daño y mantenerte fuerte y a salvo. Y no estoy hablando de ir al puto gimnasio, sino de tener fuerza mental, espiritual y emocional, que son cosas difíciles de pasar por encima.

Cuando yo empecé mi camino, pensaba: «Bueno, si me peleo con alguien, no pasa nada, ya me curaré». Pero si me gritaban o me insultaban llamándome «negro de mierda» por la calle, eso se me quedaba. En un par de días veía algo que me lo volvía a recordar. Quiero que las chicas puedan protegerse de ese tipo de cosas, que les resbalen absolutamente. Así serán fuertes y resistentes y podrán alcanzar la mejor versión de sí mismas. Al final, el mensaje es muy sencillo: pueden pegarnos, darnos palizas y matarnos; pueden matar a la persona, pero no pueden destruir la idea de quiénes somos. No pueden acabar con la sensación de ser trans o no binaria. No pueden eliminarla del mundo.

T.M: Has sobrevivido a muchos incendios. Incendios literales. Me quedé a cuadros cuando una de tus amigas me contó que el Ku Klux Klan prendió fuego a una cruz delante de tu casa cuando vivías cerca de Santa Cruz, la ciudad costera cerca de San Francisco.

M.M: Cuando me mudé a la zona de la Bahía y San Francisco, me quedé de piedra, me dio mucha pena y mucha vergüenza. Porque creía que era último sitio en el que tendría que preocuparme por eso. Pensaba que podía olvidarme de ese tema y ser yo misma, sin más.

T.M: Claro. He pasado mucho tiempo en Santa Cruz y para mí era una ciudad de surferos, hippies y universitarios. Y en 2017 resulta que el restaurante chino al que solía ir cerró porque se supo que el dueño, un tío blanco, donaba dinero al gran mago del KKK. Y entonces me enteré de que Santa Cruz llevaba casi un siglo siendo la capital del KKK en la costa oeste.

M.M: Y antes de lo de Santa Cruz, está lo de la señorita a la que vi unos tres segundos en 1978 y luego se puso en contacto conmigo a través de mis padres: «Antes de mudarte a la costa oeste, me dejaste un regalito». Decía que habíamos tenido un hijo. Vivían en Utah y el crío lo estaba pasando fatal, ahí en medio de la nada. Así que cogí a Christopher, metimos todas nuestras cosas en el Caddy y nos echamos a la carretera. Nunca me hice una prueba de ADN, pero el crío era un encanto y la madre me dijo que se había enamorado de un tío y que si podía quedármelo.

T.M: *Así que te vas a vivir a Utah, sola con dos criaturas.*

M.M: Me voy al límite, a los confines de la civilización en Utah. El paisaje era bonito, pero ¿la gente? Madre mía. Para nada. Un día, mientras me echaba la siesta, unos supremacistas blancos pintaron «negro de mierda» en la casa que teníamos alquilada. Jonathan y Christopher me avisaron al llegar de la escuela y fui a la tienda a comprar algo para quitarlo. Al verme, la dependienta me dijo:

—Ah, ya me imaginaba que vendrías a por esto.

Ya tenía las dos latas preparadas para mí.

—¿Qué pasa? ¿Que lo sabe toda la ciudad?

—Lo votamos.

—Ah, pues nada. Qué bien, la fiesta de la democracia.

Por aquel entonces, conducía un Cadillac de 1970; Jonathan, Christopher y yo nos fuimos al día siguiente y, como digo siempre que meto cosas en el coche, «Lo que no quepa, lo dejamos atrás». Así que al día siguiente los tres nos marchamos pitando a California, a San Diego, donde muchas de las chicas seguían escondidas. Por lo menos ahí estábamos unas cuantas, salíamos por la noche y conocíamos algunos bares y algunos sitios en los que no nos acosaban.

T.M: *Cuando la gente me pregunta por tus pronombres y en qué género tratarte para algún evento, lo que me has mandado decir es: «Diles que ella usa todos los pronombres».*

M.M: T-L-G-B-Q-I-M-F-U. La mierda esa de la sopa de letras. Como para meter todas esas letras en una cuchara. Mira, aunque en mi carnet pone «Hombre», no tengo ningún problema en entrar al baño de mujeres y la gente que piense lo que le dé la gana. Soy alta y voy a mear de pie, así que la cabeza me asoma por la parte de arriba de la cabina. ¿A quién le importa?

He sido puta veinte años y he visto la tira de cosas raras, así que, si tanto te interesa lo que pasa en mi baño, pues entra y mira. Por mí bien, corazón. Tengo 77 años, a mí ya me da igual. Pero al principio no era así la cosa. No, no, para nada. Al principio, todas, mis amigas y yo, todas pensábamos que éramos drag queens y ya está. Porque eso era lo único que había entonces. Era antes de que el Dr. Benjamin, el carnicero ese, empezase a operar a las chicas; aún ni se había inventado la palabra «transgénero». Los pronombres y que te traten en el género correcto son cosas importantes. Pero si algún marica me llama «travelo» o «tío-tía» por la calle, tampoco me quita el sueño. Yo a lo que me dedico es a pensar en mis chicas, en las mierdas que les estarán pasando en Palestina, en Perú o donde sea. Es importante que las chicas que vienen después de mí sepan que sí, que todo es relativo, pero ya tiene que haber perspectiva. Así que, si el marica que me llama travelo negro de mierda lleva una gorra roja de apoyo a Trump y acaba de ponerse en el parachoques una pegatina de una de sus reuniones de supremacistas blancos, pues mira...

T.M: *Ya. O ese cirujano plástico carnicero que has mencionado antes.*

M.M: El Dr. Harry Benjamin. Fue quien acuñó el término «transgénero». Era un viejo muy creído. La primera vez que oí hablar de él, no trabajaba con chicas negras, ni gordas ni demasiado altas. Tenías que ir a su consulta llevando puestos todos tus titos, o sea, que tenías que vestirte y coger un taxi para ir allí, porque usar el metro así de emperifollada de día no era una opción, era coger muchos números para que te diesen una paliza mientras ibas a por las hormonas del médico ese.

Benjamin era el único nombre que yo tenía como referencia cuando vine a Nueva York. Era muy conocido, todas intentábamos conseguir cita con él hasta que encontrábamos sitios donde conseguir hormonas en el mercado negro. Pero es que tener que aguantar sus gilipolleces y los criterios que se inventaba para que pudieses hacer el cambio, en fin... ¡Puf! Lo odié desde la primera consulta. Tenías que vivir de acuerdo con tu «género elegido» durante un año y luego ir al psicólogo para que te soltase su rollo durante otros dos años.

Imagínate que eras un tío blanco hetero que quería transicionar. Pues con todos esos requisitos tendrías que dejar un trabajo con el que igual ganabas 30 000 dólares al año, que entonces era una pasta. Y de repente eres una mujer que no gana un centavo. ¿Qué haces? ¿Cómo conservas tus cosas? Es imposible. No creo que el código ético de Benjamin fuera justo, pero no es que tuviéramos muchas más opciones. Todas las inyecciones que me puso me hicieron daño y la verdad es que nunca tuve la sensación de que fueran hormonas, porque se rumoreaba por ahí que a algunas chicas les inyectaba solo agua y que se guardaba las mejores hormonas para las chicas blancas que cumplían sus estándares de belleza.

T.M: *Cuando te cambiaste el carnet de hombre a mujer y luego otra vez a hombre, en parte fue por motivos prácticos.*

M.M: Sabía por experiencia que me iba a ahorrar muchos dramas. Si me paraban y en el carnet de conducir ponía «H», la poli no se tomaría tantas molestias para tocarme las narices si iba con los críos en el coche. En los 70 podías entrar en Tráfico con una «M» en el carnet y salir con la «H». No costaba tanto como ahora, con todos estos formularios, que hace falta un abogado para rellenarlos; han creado esa industria, la industria de las organizaciones sin ánimo de lucro, en la que hay personas cuyo único trabajo es ayudar a otra gente a rellenar los putos formularios. Entonces no había estas gilipolleces que no valen para nada, como la tarjeta de identidad REAL ID o los chips informáticos que se implantan a los presos.

T.M: *Entonces, ¿a ti nunca te supuso un problema volver a poner la «H» de «hombre» en el indicador de sexo del carnet?*

M.M: Bueno, perdí amigas, porque consideraban que eso era empequeñecer o menospreciar el hecho de ser trans, despreciarme a mí y a ellas. Y luego cuando Debbie se quedó embarazada, unas cuantas de mis amigas, de las chicas, no se lo podían creer: «¡Cómo se atreve!». ¿Cómo se me podía ocurrir estar con una mujer y tener una criatura?

T.M: *Te emparejaste con Debbie al salir de Dannemora.*

M.M: Sí, empecé con Debbie y sabía que era posible que tuviéramos una criatura, porque desde luego en aquella época los funcionarios de prisiones no nos traían hormonas. Tenían sus pequeñas industrias artesanales para producir heroína o metacualona, eso sí. Salí de allí con la barba hasta aquí abajo, nada menos.

Y tengo polla, chica, puedo tener hijos. Tampoco es una cosa tan loca. Debbie ha tenido otros tres maridos después de mí. Dice que siempre le están preguntando: «¿Por qué no paras de hablar de Major?». «Pues mira, te enseño una foto suya: ¡tachán!». De verdad, cariño, todos esos heteros van al último círculo del infierno.

Mira, de más joven nunca tuve amantes. Siempre salía con los amantes, las parejas y esas cosas de las otras chicas, porque no era peligroso y no tenía que preocuparme por si me rechazaban. Por aquel entonces era alta y estaba hecha un palillo. La última vez que salí de la cárcel, pesaba como 47 kg. Llevaba el pelo afro tal que así [abre los brazos todo lo que puede]. Parecía un lápiz con la goma extragrande. Cuando salí de Dannemora, sentía mucha rabia y resentimiento, así que los únicos tíos con lo que sabía que podía estar sin toparme con rechazos eran tíos que ya se liaban con chicas trans. Y por eso la primera vez que el novio de una de las chicas vino a mi piso buscando tema, le seguí el juego. Yo pensaba: «Bueno, el problema es de la chica, mío no». Y ya desde muy joven decidí que no iba a obsesionarme con eso de «Ay, es que tengo que ser superfemenina». Alina Malletti, la drag queen que conociste en San José, fue una de tantas que intentó pillarme en renuncio y no lo consiguió. Es que no se podía creer que no fuera una reinona como todas las demás. Me seguía por ahí y todo. Se pasó más de medio año, casi un año entero, controlándome para ver si conseguía descubrirme. «No es trans, la voy pillar haciendo alguna locura».

Pero las que están locas son estas chicas. O sea, van por ahí llevando encima vestidos de diez mil o quince mil dólares y con patrocinios de bares. Mira, yo no habría conseguido que me patrocinara un bar ni en un millón de años. Me decían que era demasiado contestona, que tenía demasiada mala leche, era demasiado grande, demasiado, demasiado, demasiado... Así que les contesté: «Ese es mi nombre artístico, la Señorita Demasiado».

Alina buscó a una chica trans para que me hiciera un traje de noche en San Diego; me cosió todas las cuentas a mano. Pesaba como siete kilos, una barbaridad, con todos los abalorios que le puso la tía, y el día anterior les dije: «Es demasiado. No voy a hacer esta mierda». Pasó años sin hablarme. «¡He pagado lo que nos pedían para meterte ahí!» «Ya, pero nunca te he dicho que fuera a hacerlo seguro». Es que, perdona, pero ¿tengo que arreglarme y salir al escenario después de pasarme todo el día trabajando? «¿Maquillaje? ¿Qué hostias me estás contando?».

Mi infancia fue dura, mental, física y emocionalmente. Las criaturas lo pasan mal de pequeñas, sean trans o no, pero es peor para las chicas trans. Como cuando fui al psiquiatra del Correccional de Bridewell en Chicago, cuando mi madre me llevó a rastras y les dijo que estaba loca. El psiquiatra me dijo: «Te vamos a hacer esta prueba, yo te digo una palabra y tú me dices lo que te venga a la mente». Y bueno, lo volví medio loco con esa gilipollez, porque él decía «manzana» o «coche». Y en mi cabeza, cuando pienso en «manzana», pienso en el olor a tarta de manzana y a canela, ¿sabes? Y puedo quedarme ahí sentada, olerla y sentirla. Y el tío me decía: «¿Qué estás haciendo?». Y yo: «Nada, estoy pensando en la tarta. Y después ha dicho usted algo de coches, ah, pues mira, un Cadillac descapotable amarillo del 56 con neumáticos blancos y el volante blanco». Y empecé a moverme. Le dijo a mi madre: «Mire usted, es su problema». Y ella encontró un hospital en el que me ingresaron inmediatamente para ver si me quitaban lo marica. Y me ha seguido pasando de adulta. Mis padres intentaron internarme cuando salí de la prisión de Sing-Sing; mi madre me había quemado todos los vestidos. Igual me lo merecía. La verdad es que le estropeé todos los zapatos.

Siempre me ha dado miedo que mis hijos no tuvieran amigos por mí, ¿sabes? Así que siempre intentaba permanecer en segundo plano y que ellos destacaran, que fueran los protagonistas. Y resulta que nunca tuve que preocuparme por sus amigos, sino por los padres de sus amigos. Esos sí que daban por saco, y no a mis hijos —afortunadamente—, sino que venían a hacerme frente a mí, cosa que yo sí que podía manejar. Mis padres pensaban que, siendo una mujer trans, no tenía que poder ni acercarme a ninguna criatura. Así que cuando Christopher era muy pequeño intentaron intervenir: «Estás criando al niño para que sea tu amante». Y yo les dije: «Sí, interesantísimo eso, pero yo no me lo hago con tíos negros». Cuando se jubilaron se mudaron a la zona este de la Bahía, a Menlo Park, en parte porque creían que el estado les daría la razón en que una persona trans no era idónea para cuidar a una criatura. Esperaron a que fuera a su casa para intentar quitármelo, legalmente, y tuve que escaparme por la ventana de atrás. Fue una locura, ¿pero qué iba a hacer aparte de reírme y seguir para adelante?

T.M: *¿Y no fue también tu madre la que te llevó por primera vez a ver un espectáculo drag?*

M.M: Los dos, mi madre y mi padre. Mis padres me llevaron a ver el Jewel Box Revue cuando la gira pasó por Chicago. Y a mitad, en el intermedio, mi madre nos cogió a Cookie y a mí y nos sacó fuera porque yo me lo estaba pasando demasiado bien. Quién iba a decir que cinco años después estaría ahí actuando. Pasé de ir por ahí a todas horas con los zapatos de mi madre y doblarle los tacones (ella tenía los pies muy pequeños) a poder caminar con unos taconazos de la hostia, así que aprendí a hacer el helicóptero. Una cosa eran los bares y otra el Jewel Box Revue; nada que ver, era harina de otro costal. Tenía actos, como en los teatros: había primer acto, actuaciones, cómicas, el número principal y cuerpo de baile. Y éramos todas unos pedazo de maromos con la polla colgando y con vestido, menos Storme DeLarverie. Era el maestro de ceremonias. Y bien guapo el cabronazo, color café con leche. Las chicas ibas detrás de él como locas y luego se llevaban un chasco porque no tenía polla. «En el cartel ya lo dice: "espectáculo de una sola mujer"; y es él, claro. ¿Qué esperabas, imbécil?».

De todas formas, ese trabajo lo conseguí años más tarde. El penúltimo año de instituto, mi padre me compró un coche viejo, una chatarra. Así que estaba volviendo a casa en el coche y el chico hetero con el que solía pasar el rato va y me dice:

—He oído que en el teatro están poniendo el espectáculo ese de los maricones.

—¿Sí?

—Sí, el Jewel Box Revue.

—¿En serio? ¿Aquí?

—Podemos pasarnos a echar un ojo.

Así que fuimos a ver qué plan había. En la puerta trasera había una auténtica reinona, que era la cómica del espectáculo. Era encantadora, un amor, una maravilla; acogía a todo el mundo. Así que paré el coche y nos pusimos a hablar. Me contó qué tal iba el espectáculo y qué cosas estaban pasando en ese momento. Y me comentó:

—Bueno, eres alta, así que no puedes bailar. Pero podrías ser corista.

—¿Sí? ¿Tú crees?— respondí—. Me lo voy a pensar.

—Bueno, cuando vuelvas habla conmigo y ya veremos.

Así que me pasé una semana yendo, hasta que un día una de las coristas se resbaló y se rompió el tobillo. «Si quieres, hablo con los jefes, les digo que te vean y la sustituyes estos dos últimos días que pasamos aquí». Me fui a casa volando, me cambié de ropa, me escapé por la ventana de mi habitación y volví al teatro. Me hicieron caminar al ritmo de la música, con actitud sensual, delante de varias personas. La canción decía «*You are so beautiful* [...] *shining in the night*» [«Eres tan hermosa que brillas en medio de la noche», «*You Are So Beautiful*», de Billy Preston]. Llevaba un traje lleno de estrellas, con cola, y me salían plumas de las caderas. Enseguida aprendes a mantener el equilibrio para que no se caigan esos sombreros de más de un metro de alto y a veces hay alguna vara de sujeción que pesa más que todo el resto del traje. Te agarras a la vara para que el traje no se venga abajo y entonces tienes que bajar tres tramos de escaleras sin parar y sin dejar de mirar al público. Y, entonces, según tu número, vas a la derecha o la izquierda. Caminas hasta la parte de atrás del escenario, rodeas la columna y te paras. Vuelves al centro del escenario y al final te vas a tu sitio.

T.M: *Mucho más complicado que una pasarela.*

M.M: Uy, cariño, ahora que llevo sujetador lo único que pasa es que me tira, pero hubo una época en que solía decir: «Si llevase sujetador, habría podido acabar en Hollywood». Las demás mujeres que había allí no paraban de preguntarme: «¿Pero cómo lo has hecho?». Y la gente que dirigía el espectáculo me dijo: «Mañana nos marchamos de Chicago y vamos a Memphis. Si llegas aquí antes de las dos, te vienes con nosotros». Y en ese momento llegó mi madre a la zona entre bastidores y montó un buen pollo. «He visto a mi hijo ahí, cabronazos, es menor y no debería estar haciendo estas cosas, voy a llamar a la policía. ¡Tengo un hermano policía! Le voy a decir que venga». Vinieron corriendo:

—Hay aquí una señora que nos está puteando.

—¿Alta o baja?

—Así de bajita.

—Pues sí, es mi madre.

Me fui corriendo a casa antes de que me pillase. Y, mientras intentaba hacer las maletas y marcharme, te juro que mi madre me pilló saliendo por la ventana y pasó toda la noche en la habitación, delante de la ventana. Así que terminé el último año de instituto, que me lo pasé entero encabronada, me fui a estudiar a Minesota, me echaron, volví a Chicago y probé en la Escuela de Oficios Loop de Chicago. Allí también acabaron leyéndome la cartilla y nunca llegué a graduarme en el programa de la Escuela de Oficios. Pero había aprendido lo bastante como para meterme en el mundo de la introducción de datos y trabajar con esos ordenadores enormes de IBM que no paraban de sacar rollos de papel del tamaño de sábanas. Trabajé unos meses en Standard Oil, la petrolera. Como era mariquita perdido, llevaba trajes verde lima con corbata blanca y sombreros grandes de fieltro. Me dijeron: «Mira, aquí llamas mucho la atención, así que mejor el viernes coges la nómina y te vas». La siguiente vez, cuando me quería ir a Nueva York, estaba viviendo en la parte norte de Chicago, me había ido de casa. Antes de marcharme, fui a casa de mis padres para decirles que había averiguado quién iba a ser a partir de entonces. Para entonces llevaba siete u ocho meses tomando hormonas y tenía un par de bultitos en las tetas. Así que me planté ahí, se las enseñé a mi madre y... ¡pum! Se desmayó. Papá me echó a patadas. «Ni se te ocurra volver por aquí». Me llevé todas mis cosas, metí mi ropa en un bolso y cogí un estuche pequeño de maquillaje y una sombrerera para mis pelucas. Estuve esperando una eternidad, o eso me pareció, y no conseguía que parara ningún taxi, así que dije «A la mierda» y robé un coche.

T.M: ¿En serio?

M.M: Sí, sí. Era un Pontiac Bonneville de 1959, un modelo familiar. Eché todas mis cosas a la parte de atrás y fui a buscar a Thomasina, que vino corriendo con las tetas por delante. Se subió de un salto y dijo: «¡Venga! ¡Vamos! Si llegamos al aeropuerto a tiempo de facturar, podemos ir con las chicas de Nueva York». «Ay, tía, pues tenemos que ir a toda hostia». Salimos zumbando. Y entonces... Me pararon por exceso de velocidad.

T.M: ¡No fastidies!

M.M: Nos condenaron a prisión a las dos, a Thomasina y a mí. A ella solo a tres meses. A mí me tocaron seis, pero la tía ni me dirigía la palabra. «¡Estoy aquí por tu culpa! ¡A mí nunca me han detenido!» Yo le dije: «No me vengas con esas. Este día iba a llegar de todas formas».

Cuando salimos, no tenía nada. Fui a casa de mis padres y me recibieron encantados, porque claro, no me había afeitado, iba hecha un asco y no me daban hormonas, así que se me habían ido las tetas. Estaban encantadísimos de verme. Y entonces va mi hermana y suelta delante de todos: «¿Y entonces la chica sigue por ahí dentro?». Yo le respondí: «Sí, claro. A ti te lo voy a contar, para que vayas corriendo a decírselo a mamá».

Y me dice: «Ay, lo siento mucho; mamá me ha asustado y me daba miedo que hiciera algo». «Pues mira, ahora yo sí que te voy a dar». Pero no llegué a tanto; Cookie me ayudó a robarles algo de dinero a mis padres para poder coger el autobús a Nueva York esta vez.

T.M: *Mucha gente habría dejado de intentarlo mucho antes en esa historia. Y de hecho lo hacen. Dejan de intentarlo en la vida. El índice de suicidio de las personas trans supera a...*

M.M: A cualquier otro.

T.M: *Y aun así, cada vez que te llevo al médico, siempre te preguntan lo mismo, que supongo que es la práctica habitual: «¿Ha sufrido alguna vez depresión o tiene antecedentes de depresión?». Y siempre respondes al momento: «No».*

M.M: ¡No! Nunca he estado deprimida. Pero he vivido rodeada de personas con depresión y las he perdido por esa causa, y eso me ha hecho plantearme los efectos que puede tener una depresión. Cookie se suicidó en 1977, en el día de Acción de Gracias, el año de la masacre de Jonestown. Después de perder a mi hermana, cuando mi padre dijo que Cookie había elegido la salida fácil a mí se me fue la olla. Me puse en modo SEÑOR Major. Porque lo que hizo Cookie no es nada fácil; yo creo que todos llegamos a este mundo queriendo vivir, así que solo podía pensar en el dolor que tenía que haber sentido para llegar a ese punto. Yo sé que nací dos meses antes de tiempo, vete tú a saber qué fue lo que me mantuvo con vida. Me di cuenta enseguida de que era gay, ahí comenzó la lucha.

T.M: *«Gay» o «reina», así te autodenominabas al principio.*

M.M: Sí. ¿Qué podía saber yo entonces? Me ena-
moro de hombres. Pues vamos a pelear esta batalla y a
ver si consigo alguno. Hasta ahora no ha ido tan mal.
Pero si no te tomas el tiempo que haga falta para averiguar qué quieres hacer —y me refiero a averiguar quién
eres—, eso al final se va a interponer en tu camino. Si
no dedicas tiempo a disfrutar de tu propia persona, sea
cual sea, no vas a llegar muy lejos.

6

EPIFANÍAS DE MADRUGADA CON BIG BLACK, DE ATTICA

T.M: *Oíste hablar del motín de la prisión de Attica (1971) cuando estabas en la cárcel de Dannemora. Mientras estabas en aislamiento, tu vecino era Frank «Big Black» Smith, un icono de los Panteras Negras y uno de los organizadores supervivientes del motín de Attica. El Gobierno había dispersado a los supervivientes por distintas prisiones y los había puesto en aislamiento para evitar que los prisioneros pudieran organizarse. ¿Qué tenías tú entre manos antes de eso, después de Stonewall y antes de entrar en Dannemora?*

M.M: Lo que tenía entre manos se llamaba Tex y medía 1,93. El tío más alto con el que he estado; al menos por voluntad propia.

T.M: *Te gustan los tíos más bajos.*

M.M: ¡Aprendes rápido! Pero bueno, yo conducía muy bien, así que tiramos para las montañas de Catskill y nos alojábamos en sitios turísticos. Por la noche íbamos a cenar. Yo me ponía toda mi chatarra encima, entraba en el comedor, todo el mundo se volvía a mirarme y, mientras, iba a sentarme y comer, Tex se escabullía y reventaba las cajas fuertes de las oficinas. Era la hostia.

Pero entonces alguien lo reconoció porque había estado allí un par de años antes con otra persona y se asustó. Habíamos oído que la policía estaba buscando a una pareja, así que me dijo:

—Te he cogido una habitación. Tenemos que separarnos.

—Bien. ¿Te llevas las cosas tú o me las llevo yo?

—Llévatelas tú.

—Vale, pero no podemos usar nuestro coche.

Así que fuimos al concesionario y dijimos que queríamos probar un coche. Lo sacamos de allí y pasamos todas nuestras cosas de un coche a otro. El plan era que yo condujera hasta Nueva York y él cogiera el autobús.

De camino a Nueva York, me entraron los nervios y empecé a ir a toda leche. Me pararon y me dijeron que los siguiera a comisaría. «¡Muy bien!», respondí. Es un terreno de mucho sube y baja, ya sabes. Así que empiezan a ir para arriba y yo bajo; ellos bajan también, se vuelven a mirar y me ven ahí detrás. Y a la siguiente que suben y bajan, yo estaba abajo, se vuelven, ¡y ya no me ven! Me persiguieron, claro. Conseguí cruzar siete controles de carretera. Los pasé sin mirar atrás.

Y entonces me estampé con la parte de atrás de un camión. Era un camión de la refinería Humboldt Oil, me acuerdo, porque recuerdo ver la «B» grandísima y pensar «Es enorme esa B», porque, claro, la parte de atrás del depósito era abombada. Justo antes de estamparme ahí. Creo que iba a 145 km/h. Recuerdo caer hacia un lado y ver pasar el volante ante mis ojos. Me di la hostia y el coche se metió debajo de la parte de atrás del camión. Creía que iba a explotar. Perdí el conocimiento, pensaba que me había muerto. Cuando recuperé la consciencia, estaba tirada en el asfalto y tenía frío. Lo veía todo negro y yo pensaba: «Pues nada, me he muerto. Dios me va a mandar al último círculo del infierno». Y de repente se hizo la luz y parpadeé, salté o lo que sea y le oí decir al tipo: «¡El puto negro este está vivo!». Empezó a darme patadas, pero yo ni las notaba. Estaba como atontada, no sentía nada. Pero recuerdo que daba sacudidas.

Y entonces se acercó otra persona: «Pues no lo podéis dejar así. Hay que llamar a una ambulancia». Volví a perder el conocimiento y me desperté ya en el hospital. Me cayeron cinco años. Y así acabé en Dannemora.

Dannemora es una prisión, pero al lado está el Hospital Estatal de Dannemora State, donde nos metían a los supuestos pirados. Por entonces yo llevaba el pelo rojo y las cejas perfiladas y tenía tetas, así que primero me metieron ahí. Y yo: «Pues vale, por mí bien». Cuando ya vieron que yo no iba a declararme loca, me mandaron a la cárcel. Entonces pasó lo de Attica y, justo después de que el Gobierno entrase y se los cargase a todos, repartieron a la gente por distintas prisiones e instituciones. Yo pasé de Dannemora hospital a Dannemora cárcel, y de ahí al agujero. Me pusieron en aislamiento por echarle agua a uno de los guardias; si sabían que eras una reinona, se acercaban a tu celda, ponían la polla en los barrotes y esperaban que tú hicieras el resto. Un día no me apetecía. Por las mañanas nos traían unos vasos de agua para que nos laváramos la cara. Y se lo tiré al guardia por encima. Me cayeron tres meses en el agujero; la mariquita entre todos los hombres que habían traído de Attica. Así conocí a Big Black y a todos esos hermanos estupendos que habían empezado la rebelión. Pasé los tres meses hablando con ellos. Oía las palizas que les pegaban a diario, oía cómo los guardias les apagaban los cigarrillos y los puros encima. El olor a carne quemada no se olvida. Nunca. Esa sensación nunca se va del todo. No se va. Me rompía el corazón saber lo que estaba pasando.

Fue una época dura, pero ya se lo digo a las chicas de vez en cuando: «No lo vais a entender porque sois muy jóvenes, pero se puede estar en el agujero más profundo, más inmundo, y que haya algo que te haga sonreír o hasta soltar una carcajada». La clave es apreciar esas cosas. Y, aunque fue una época horrible y trágica, a veces alguna minucia te alegraba el día. Por ejemplo, un día conseguí ver a todos mis compañeros menos a uno. Tenían que pasar por delante de mi celda para ducharse y normalmente el guardia me hacía ponerme de cara a la pared, pero esa vez el guardia se despistó, y Black se acercó, me dio una palmadita en la mano y me dijo: «Tienes las manos preciosas». «Yo también lo creo. Son lo mejor que tengo».

Black era el que más me hablaba. Tenía un cerebro maravilloso. Y, aun así, dedicaba tiempo a hablar conmigo. Lo primero que me preguntó fue: «¿Cómo quieres que te llame? ¿Cómo te llamas, cariño?» Él fue quien me enseñó que en una revuelta o cuando buscas justicia, en ese tipo de cosas, no puedes echar a nadie a los pies de los caballos. No hay que dejar a nadie atrás. Y ahora es lo que más me gusta decirle a la gente: no voy a echar a nadie a los pies de los caballos, no me voy a dejar a nadie. Tenemos que caber todas; si no, no va a funcionar. Me cambió la forma de pensar. Fue como una epifanía, algo que te resuena en el cerebro. ¡Pum! Así fue. Y por eso me he pasado los siguientes cuarenta años intentando averiguar qué campana tenía que tocar para despertar a mi comunidad. Solíamos pasar el rato sentados, hablando hasta la madrugada, sin más. Antes de que yo saliera, me envió algunos poemas que me escribió, para lo que él consideraba que era mi corazón.

Hablábamos de los disturbios raciales, de educación, que puede ser algo muy positivo, según quién te enseñe. Porque eso es lo que quieren los blancos: que tengas educación. Quieren que vayas a su escuela, que escuches sus mierdas y que te creas sus mentiras, en lugar de escuchar la verdad y tomar una decisión sobre quién eres y qué vas a hacer. Pero la verdad tiene que verla una misma: verla, comprenderla y luego creerla. Haz lo que haga falta para sobrevivir. Black me dijo: «Cuando salgas, ¿sigues queriendo hacerte clientes, robos y esas cosas? Vale. Pero hazlo de manera segura. Hazlo en sitios donde estés protegida. No se lo cuentes a mucha gente, porque si les pasa algo te van a delatar, vas a ir a la cárcel y ellos van a seguir por ahí libres». Justo. ¿Porque Tex dónde estaba? Nunca volví a saber de él.

La gente me suele preguntar: «¿Cuándo empezaste en el activismo?». Con el tiempo, he llegado a concebirlo de otra manera, porque no es que fuera: «Empecé cuando me di cuenta de las injusticias, ya de adulta». Creo que empieza en la infancia. Haces cosas que te orientan más o menos en esa dirección, como salir en defensa de otros críos en el parque o ayudar a tus amigas. Me parece que empezó en ese momento, y luego ya de adulta me sacudieron cosas como presenciar la rebelión de Attica y percibir las diferencias de raza y clase y darme cuenta de que con dinero todo era mucho mejor que sin él. Cuando piensas: «Oye, ¿por qué el 90% del dinero está en manos del 10% de la gente?». Ahí ya ves que algo no está bien, ¿sabes? De crío, recuerdo haber escuchado que se suponía que el mundo tenía que ser un lugar justo y que a todas las personas les correspondía una parte igual de grande. De igual y de justo, nada. Creo que esas son las cosas que empujan a la gente ya adulta hacia el activismo. Y, como persona trans, ver todas esas atrocidades me hizo llegar mucho más allá.

Lo que importa no es lo que hice en ese momento, es la persona que soy ahora. Y las personas a las que intento enseñar, formar e implicar en estas cuestiones. Lo que importa es que intento que mi comunidad sea mejor, más fuerte, más sabia, más segura. ¿Me entiendes? Y todo eso lo aprendí de Black. Muchas veces, por ejemplo, cuando me dan un premio, me acuerdo de él y sonrío. Hay un montón de gente —de los nuestros, hombres y mujeres negros— que se creerán que nunca conoció a nadie como yo y que, de conocerme, no le habría gustado, que habría pensado que soy una cosa rara en lugar de ver quién soy; pero él lo veía. Me hablaba y, por las preguntas que yo le hacía, veía mi interés y lo satisfacía.

T.M: *¿Alguna vez te has identificado con una ideología política concreta? Black te dio* El manifiesto comunista *para que lo leyeras.*

M.M: No, nunca. Nada de grupos. Las organizaciones que puse en marcha y los proyectos en los que he colaborado tenían relación con algunos aspectos de la persona que yo era en ese momento. Yo tomaba lo que me resultaba de provecho y lo usaba, pero si no me era útil, ni me molestaba.

T.M: *En Attica, Big Black formó parte de una organización a escala gigantesca, porque en la rebelión participaron más de mil presos. ¿Alguna vez hablasteis de las dificultades a las que seguro que tuvieron que enfrentarse, teniendo en cuenta las limitaciones que supone estar en una celda?*

M.M: ¿Cuáles exactamente?

T.M: ¿Las limitaciones? ¿Te parece que estar libre no es muy distinto de estar en prisión a la hora de organizarse?

M.M: Bueno, hay otro punto de vista: dentro era más fácil porque todo el mundo era objeto de brutalidad policial. Así que, si hablabas de eso con cualquiera, se mostraba dispuesto a escuchar. Así que yo no diría que era más difícil; en cierto sentido, era más fácil que fuera. Cuando estás dentro, no tienes otra cosa que hacer que tomar el control de lo que te interesa. Cuando Black empezó a pasarme libros para que viera cómo eran las cosas, yo estaba más receptiva. Cuando me explicó que, cuando pones una prisión en cualquier sitio, a su alrededor brota un pueblo y que la prisión da sostén a dicho pueblo —en todo, hablemos de ropa o de alimentos—, estaba más receptiva. La mayoría de los hombres —bueno, ahora también hay mujeres—, pero la mayoría de los hombres del pueblo trabajaban en la prisión, así que no tenían que irse muy lejos. Digamos que se encontraban en el norte del estado de Nueva York; pues ponían la prisión cerca. En el caso de Dannemora, levantaron la cárcel en medio de un campo, a 30 km de Canadá. Todo lo que hacía Black tenía un solo objetivo: pensar antes que nada en las personas negras. Me dijo que para él yo era «Major».

T.M: «Major», la persona.

M.M: Sí. Yo era Major, a secas, y luego «Major, la persona negra» y ya después, al final, «Major, la persona transexual». No dejaba a nadie de lado ni hablaba con una sola persona de un grupo e ignoraba al resto.

Y creo que en ese momento me di cuenta: pensé que esa era la forma adecuada de abordar la organización de las chicas. O, por lo menos, no me parecía una forma demasiado mala.

T.M: *Te ayudó oírselo decir a Black en voz alta para verlo claro.*

M.M: Sí. Y pensarlo así, pensar que al final todos somos seres humanos, ni más ni menos, te abría los ojos ante lo que estaba pasando entonces, ante las injusticias. Y Black te explicaba que eso llevaba pasando años. Lo que intentaba enseñarnos es que eso llevaba ocurriendo como mínimo 300 años. 300 años es mucho tiempo para pasarlo esperando, aguantando, con paciencia, poniendo la otra mejilla; Black nos ayudó a darnos cuenta de eso. Así que, cuando pienso en Big Black en esa época, me sale: «Mi mentor. Mi amor». Fue el instrumento de mi politización y creo que me ha mantenido viva y en marcha. Solíamos sentarnos y hablar hasta altas horas de la madrugada, sin más, y antes de que me marchara de la cárcel me envió unos poemas que me había escrito; por cosas de la vida, los poemas acabaron en un trastero y después a mí me trincaron por alguna pequeñez y no pude salir a tiempo de pagar el trastero, así que desaparecieron. Hasta llamé a mi madre desde la cárcel: «Paga eso, anda, nada más; hay cosas con mucho valor sentimental». «Ah, ¿pero tienes sentimientos?». Eso me respondió mi madre antes de colgarme.

T.M: *Qué triste. ¿Cómo conociste a Ceyenne Doroshow, la hija trans de Big Black?*

M.M: La conocí en una conferencia de prostitutas, la conferencia de la Desiree Alliance. Me hizo una pregunta en una charla que di, nos conocimos y desde entonces me llama «mamá». Desde el mismo momento en que nos conocimos. Me contó que Black había sido la primera persona en decirle que era trans, incluso antes de que ella misma se diera cuenta. Y que era porque había conocido a una chica, Major, cuando estaba en Dannemora, en el agujero. Y gracias a ese vínculo tuvimos más relación, vino a visitarme a California y empezó a organizar cosas en su comunidad de Nueva York. Si ve alguna injusticia en cualquier parte, intenta enmendarla. Y desde luego tiene las cualidades necesarias. Una de las cosas que espero poder transmitir a las chicas más jóvenes es que hay que ser consecuente y formal. No hay otra. Cuando intentas guiar a las chicas y les dices que vas a llegar a un sitio a las dos, tienes que llegar a las dos. No apareces diez minutos tarde [Me mira; todavía me llama «Martes» porque un martes casi perdemos un avión porque me dormí y no oí la alarma]. Y hay que estar siempre presente por si alguien de verdad te necesita.

Eso fue lo que Black nos enseñó sobre el liderazgo: tú tienes que decidir qué puedes hacer desde el lugar que ocupas. Nos enseñó que dependía de una misma coger lo que hiciera falta y dejar todo lo demás a un lado. Ahí me di cuenta por primera vez de que en ese sentido tenía el control, de que de verdad podía dejar lo demás a un lado. Volví a ser consciente de esa idea cuando me puse a trabajar con las chicas, así que la puse en práctica y funcionó: hay que darse cuenta de que todo el mundo, absolutamente todo el mundo, ha sufrido. Pensar que una persona tiene más suerte que otra no ayuda a nadie en nada; desde luego, no ayuda si se pretende avanzar más de cinco centímetros en cualquier dirección. Todo el mundo tiene problemas.

III
LAS CLAVES DE NUESTRA SUPERVIVENCIA

7

DA IGUAL LO PEQUEÑO QUE TE PAREZCA TU MUNDO

T.M: *Después de Dannemora, te hizo falta tomarte algo de tiempo; no fue salir y empezar a organizarte.*

M.M: ¡Uf, no, para nada! ¡Primero tenía que ponerme guapa! No, en serio, salí hecha un desastre. Pesaba como diez kilos, tenía que recomponerme. Era importante que pasara algo de tiempo entre bambalinas en ese momento; aún tenía pendiente aclarar qué quería hacer·y qué me importaba en la vida. Con eso claro, ya pude despegar. Cuando salí de Dannemora, muchas de las chicas que se dedicaban a la prostitución desaparecían. Así que lo hablé con ellas: «Mirad, esto es cosa nuestra. Siempre que veamos a una de las nuestras meterse en un coche, vamos a apuntar el número de matrícula. Somos diez; que una se quede con la matrícula. Y si podemos ver qué pinta tiene el tío, tampoco sobra apuntar una descripción breve. Y así las autoridades no podrán decir "Es que no hay manera de saber qué le ha pasado a la chica"», ¿sabes?

T.M: Una de las cosas que no dejas de repetir a las chicas cuando vienen a pedirte consejo es que las chicas trans tienen que formar un «frente unido» ante los que mandan.

M.M: Mirándolo con perspectiva, cuando los que mandan nos singularizan y nos utilizan como símbolo para cubrir una cuota —prestando atención a una de las personas del grupo para hacerle sentir que es diferente, especial—, suelen hacerlo para que las demás nos volvamos en contra de esa persona. Y así nos mantienen divididas. Si todo el mundo llegase a pensar que todos somos iguales, que todas las personas merecen atención sanitaria, un techo y una ducha, a los que mandan les costaría mucho combatirlo. El drama nos divide, así que, cada vez que estalla, los que mandan nos mantienen distraídas y pueden seguir a su aire. Siempre tienen algo que celebrar: que pasemos demasiado tiempo echando humo porque otra de las chicas llevó un vestido del mismo color que tú a una fiesta, que un tío cis nos preste algo de atención, que un jefe se aproveche de que nadie quiera darnos trabajo... Sí, da miedo romper con ese tío o dejar el trabajo, pero si tanto necesito el dinero o un sitio donde dormir, siempre puedo chupar un par de pollas, conseguir algo de pasta para el alquiler y adiós problema. Me han encerrado las suficientes veces sin cuenta bancaria y sin nadie que pudiera pagarme la fianza como para saber que, si tienes contigo a tu comunidad, esa sororidad, todas esas aliadas que te acompañan, al final vas a estar bien. Antes de ser adultas, las criaturas son eso: criaturas. Mi perro Gator era un auténtico hijo de puta cuando lo adoptamos. Para las chicas trans, la transición es como volver a pasar la adolescencia. Pero tenemos que saber que ahí hay cosas buenas. Yo he sido joven. Si te abres a tus hermanas, con el tiempo te das cuenta de que el drama no era para tanto; puedes encontrar la manera de seguir adelante.

T.M: En Chicago tuviste una amiga que, por así decirlo, fue tu mentora.

M.M: Debió de ser en 1957 o 1958, más o menos. Tuve suerte y un día conocí a Kitty, una señora estupenda, más mayor. Trabajaba en un club del centro, actuando en espectáculos, y yo pensaba: «¡Ay, eso quiero hacer yo, el mundo del espectáculo!». Me explicó que la impresión y el aspecto que transmite una no es igual entre espectáculos, cuando te vas a casa después del *show* o cuando vas a hacer la compra durante el día. Los sábados solía escabullirme para verla y hablar con ella. Una vez en Pascua estaba en su casa y me anunció: «¿Te has enterado? Te voy a poner elegante para Pascua y te voy a llevar conmigo a una fiesta». Me dijo que iba a enseñarme qué aspecto podía tener si quería. «Mira, eres alta; no vas a dejar de ser alta por ir con zapato plano, así que, total, para eso ponte tacones». Y me trajo unos zapatos de salón de satén blanco, unos taconazos de ocho centímetros. Preciosos. Y dijo: «Eres negra, la gente que te vea sabrá que eres negra, pero eso no quiere decir que tengas que llevar el pelo moreno; llévalo del color que te apetezca». Me animó a que me probara las pelucas, a ver cuál me quedaba bien y me gustaba. Me hizo ponerme una rubia cobriza que tenía, con las puntas castañas. Luego me maquilló y no le costó tres horas como con las demás chicas, en tres cuartos de hora había acabado. Me puso pestañas postizas y casi me muero del susto, pensaba que me quedaba ciega. Me dio un sujetador y luego sacó un vestido de fiesta de satén negro. «Este vestido es para salir por la noche, no hay que llevar este vestido de día». Me colocó todo en su sitio, me arregló y me dio este cuerpecillo de pega. Y cuando por fin me dijo «Venga, mírate al espejo», me enamoré de mí misma. Solo podía pensar: «¡Madre mía! ¡Estoy absolutamente preciosa!». Cuando volví a Chicago una vez que ya me había mudado a Nueva York, oí que había robado a algún cliente y había tenido que largarse. Encontrármela en la vida y llegar a conocerla fue una experiencia absolutamente reveladora para mí.

T.M: *Cuando estabas en el instituto conociste por primera vez a otras personas no binarias. ¿Dónde?*

M.M: Uf. Iba a la biblioteca del centro de Chicago; ibas al baño y ahí era donde te juntabas con los raritos, por así decirlo.

T.M: *Y te enterabas de eso por el boca a boca.*

M.M: Sí, claro. No es que tuviéramos un móvil con una app que te dijera: «Tienes a ese tío a tres metros de donde estás». Pero la cosa es que estamos en todas partes, siempre hemos estado aquí. De verdad pienso que estamos aquí desde Caín y Abel, ¿sabes? Creo que Caín era una de las nuestras y que la zorra de Abel hizo algo que le molestó —como cogerle los zapatos sin pedírselos o algo así— y se la cargó; menuda reina. Los eunucos eran trans. ¿Conoces la parte esa de la Biblia, «Algunos nacieron así; otros se han hecho así»? A algunos los hacen así. ¿Y así cómo? Pues como nosotras.

T.M: *Cuando te dio el segundo ictus en 2019, te enviaron cientos de tarjetas desde todo el mundo y las tienes guardadas en casa. Me diste instrucciones muy concretas para las tarjetas que mandamos en respuesta. Recuerdo*

estar en el hospital donde en ese momento hacías la fisiote-
rapia. Entonces tú no podías escribir, pero elegías las tarjetas
y el pintalabios rojo que tenía que comprar y también el per-
fume Chantilly para rociar las tarjetas. Me viste practicar tus
iniciales hasta que te parecieron satisfactorias y entonces me
dijiste que me pintara los labios para estamparlos en cada
una de las tarjetas. Fue algo muy sentimental en el sentido
de que fue muy… Muy tú.

M.M: No me esperaba que me abrumara de esa
manera, pero fue tan adorable que acabé llorando,
sobre todo con las tarjetas de las criaturas trans que
enmarqué y colgué en la pared. Esas cosas personales
son las más importantes si quieres movilizar a la gente
y que vuelvan una y otra vez.

T.M: Es imposible que recuerdes el nombre de todas
las personas con las que te encuentras, pero sueles darle tu
número a cualquiera que conoces en persona y le dices que
te llame si necesita algún consejo. Mucha gente te toma la
palabra y te llama cuando lo está pasando mal.

M.M: Lo que hago es querer y cuidar a las personas de mi comunidad, sean quienes sean. Y si yo no
puedo ayudarles, con suerte conoceré a alguien que
pueda. Y por eso cambio el mensaje de mi contestador.
Se me ocurrió cuando estaba en el Jewel Box Revue y en
las Cherries, el grupo de *doo-wop* en el que me acabaron metiendo. Hacíamos *playback* de las Supremes o lo
que sea que estuviera de moda en ese momento, y las
demás chicas siempre se limitaban mover los labios o
a decir algo sin sentido. Pero yo, si me sabía la melodía,
pensaba que por qué no cantar, si al final hacer *play-*
back es decir la letra en voz alta. Y lo de memorizar la
letra ya era otra cosa, yo la decía mal el 99% de las veces. Pero la gente me decía, tanto en el escenario como

fuera, que mi voz le resultaba reconfortante. En todo caso, el objetivo es que, cuando esa persona me llame, pueda oír mi voz y saber que, aunque no le devuelva la llamada en ese momento, eso no quiere decir que no esté pensando en ella. Y, a ser posible, le reconfortará un poco saber que estoy pensando en ella y que hay por ahí alguien intentando cuidarla, porque muchas de mis chicas tienen padres y madres que las echaron a la calle o que les manifestaban algún tipo de odio por ser trans. En los carteles, el Jewel Box se anunciaba como un espectáculo con «25 hombres y una mujer», o, lo que es lo mismo, una lesbiana drag king que era una pedazo de butch y luego nosotras, las 25 chicas.

T.M: Y esa «una» era el maestro de ceremonias: Storme DeLarverie, otra de las personas que conocías de Nueva York y una de las veteranas más conocidas de Stonewall.

M.M: Eso es. Storme nos llevó a mí y algunas de las chicas a Stonewall una de mis primeras noches en el Village, y en los espectáculos nos presentaba a tres de nosotras como las Cherries.

No es muy recomendable echar la bronca a las chicas cuando la lían. Se les puede llamar la atención. Pero sigues trabajando con ellas para que no la vuelvan a liar. Teniendo en cuenta mi posición y mi edad, no quiero tratarlas con mano dura ni hacer eso del amor duro, porque siendo chicas trans ya nos han pasado suficientes cosas duras en la vida. Quiero que sepan que creo en ellas y que todo el mundo comete errores. Yo también cometo errores; hay que sobreponerse y seguir adelante, sin más. Y si necesitan ayuda para hacerlo, aquí estoy. Yo no voy a condenarlas, juzgarlas ni ridiculizarlas, ni mucho menos. Así que, si quieres leerme la cartilla a mí, cariño, pues vamos a ello, que yo también te voy a cantar las cuarenta. Pero si hablamos de hacer polvo a una de mis chicas, yo no estoy aquí para eso. Y creo que tengo suerte porque, para ser una de las chicas, no tengo muchos enemigos.

T.M: Es verdad. Y es sorprendente.

M.M: Ninguna de las chicas a las que dedico mi atención me la tiene jurada, y eso no ha cambiado, siempre ha sido así. La cuestión es que todo tiene un precio. El drama, la ansiedad, el ego... Todo eso te impide ser la mejor persona que puedes llegar a ser.

T.M: Estoy pensando en Kim Fromm:, que es como si fuera tu hija. Tiene una coraza muy dura como consecuencia del trato con la gente cis, la prisión, su familia de Luisiana e incluso algunas de las otras chicas. Empezó a usar bastón después de saltar de un segundo piso de la casa del tío con el que salía cuando la atacó con un cuchillo al enterarse de que era trans. Cuando la conociste, parecía que Kim no tenía ni una grieta en la coraza. Pero la llevaste a algunos actos del Proyecto por la Justicia para las Personas Trans, con Divergencias de Género e Intersex y contigo se pone muy sentimental. Cuando habláis por teléfono llora. Al pasar tiempo contigo me he dado cuenta de que las relaciones humanas interpersonales son cruciales para impulsar a la gente a cambiar y a moverse.

M.M: Esa capacidad de liderar y de motivar a las personas, y de ayudarlas a aspirar a más para ellas mismas y para su comunidad, la tenemos todas. Creo que lo que me complace es ver cómo ocurre todo eso. Las personas como Kim pueden ser un poco distantes al principio, pero con el tiempo se abren como una flor.

8

¿DÓNDE ESTÁN LOS ALIADOS?
¡QUE SE LES VEA!

T.M: *En San Diego viviste con uno de los amores de tu vida, Joe-Bob. Falleció en 1995.*

M.M: Sí. Nos mudamos cerca de la familia de Joe-Bob. No les hacía mucha gracia que yo fuera su pareja, pero aun así nos quedamos porque en el estado en el que se encontraba por el VIH estaba muy débil para viajar. Como era veterano de guerra, en esa época estuvo ingresado en el Hospital de Veteranos; lo dirigían un hatajo de conservadores que se negaban a admitir que muchos veteranos tenían sida. Monté un buen pollo y al final abrieron una unidad específica, la «Unidad de enfermedades especiales», porque desde luego no iban a llamarla «Unidad de sida». Y como pasé tanto tiempo en el hospital acabé conociendo a otros veteranos y a sus familias, y los convencí de que el Gobierno no podía seguir ocultando que en el Ejército había personas contagiadas por VIH que estaban muriendo porque nadie admitía el problema. En un año, más o menos, por fin conseguí que el jardincillo del hospital de veteranos se convirtiera en un espacio conmemorativo para las personas que se había llevado la enfermedad.

T.M: *Sales en las noticias de un canal de televisión local de San Diego en la inauguración y el presentador dice que el jardín es resultado del trabajo de la «"amiga" de Joe-Bob, Major»; menuda mirada le echas...*

M.M: Mirada asesina, absolutamente. Pero ese jardín trajo algo de consuelo a los familiares lo suficientemente honestos como para reconocer que ese problema no solo estaba matando a su hijo, sino a una comunidad entera y que, por lo tanto, igual había que actuar para ponerle fin.

T.M: *Una emergencia de salud pública como el sida es como un desastre natural; estuvo a la altura de un terremoto. Requería una respuesta del mundo entero, de las personas aliadas, no solo de la gente a la que esta crisis le afectó directamente.*

M.M: Sí, porque lo cierto es que no somos muchas en el mundo. No tenemos cifras. Así que cuando la gente habla del Día de la Visibilidad Trans que alguien empezó a celebrar hace unos años, yo me quedo como... ¿Y esto? Tengan la imagen que tengan en su cabeza y por muchas operaciones que se hayan hecho, para muchas de las chicas es incuestionable que una persona cis las va a identificar a oscuras y a un kilómetro de distancia. Los que tienen que ser más visibles son nuestros aliados. ¡A nosotras desde luego es difícil no vernos! Llevamos siendo visibles desde el principio de los tiempos y no por eso han dejado de acosarnos ni de hacernos cosas peores, ni mucho menos.

T.M: *No sé si sueles ver las entregas de premios de Hollywood, como los Óscar.*

M.M: Claro, a veces.

T.M: Cuando alguien hace alguna declaración política sobre el escenario, que no es muy habitual, se lo suelen llevar a rastras.

M.M: Mira, creo que esas personas intentan usar lo que consideran que es su poder, o su voz, para generar un cambio o para introducir la presencia de gente con algo de melanina en la piel, ese tipo de cosas. Y me parece bien, porque hay que hacer algo con esa voz. Nunca se sabe, pero igual alguien la oye y cambia su forma de pensar.

T.M: Cuando Marlon Brando le pidió a una persona nativa que aceptase su Óscar en los 70...

M.M: Sí, que recogiese su premio. ¡La gente se lo tomó fatal! Los del movimiento Red Power estaban tomando Alcatraz. Había muchas turbulencias políticas en ese ámbito. Así que estuvo bien que lo hiciera. O sea, hay poner en jaque el *statu quo*, si no, las cosas no cambian nunca. Y puede ser haciendo algo sencillo. No siempre hay que ponerse en peligro. Te voy a contar algo que pasó cuando estaba cuidando a mi padre en la zona este de la Bahía, en San Leandro, después de que vendiera la casa que mi abuela le había dejado en Menlo Park cerca de San José. En esa época yo trabajaba a la vez en San Francisco. Estaba en la casa de San Leandro cuando prendieron fuego a los coches de policía por el asesinato de Harvey Milk, porque el tío que le disparó tenía contactos...

T.M: Dan White.

M.M: Había sido policía y luego trabajó en el Ayuntamiento, así que salió bastante bien parado. Esa noche me llamó una de las chicas, fuera de sí: «¡No te lo vas a creer! Los coches de policía están ardiendo».

Tenía que verlo con mis propios ojos, así que conduje lo más rápido que pude y llegué hasta el punto en que la autovía se divide para coger el desvío al centro; la ciudad entera irradiaba un resplandor y la luna parecía un gran queso anaranjado. Acababan de estrenar los coches patrulla azul celeste y ahí estaban, iluminando el cielo justo delante del Ayuntamiento. Me di la vuelta con el coche.

T.M: *¿Por qué?*

M.M: En ese momento tenía dos trabajos a jornada completa y decidí que iba dejar ese asunto en manos de los gays y las lesbianas blancos. Estaba cuidando a mi padre y en esa época las personas negras éramos un imán para la policía, igual que ahora.

T.M: *Y de eso no se daban cuenta algunas personas que se suponía que eran aliadas de la causa; muchas siguen sin verlo.*

M.M: Llega la policía, los blancos se esfuman y de repente estás ahí sola tirada en el suelo con las esposas puestas.

T.M: *En 2018 fuiste a la conferencia LGBTQ sin ánimo de lucro más multitudinaria, Creating Change, porque te daban un premio a toda tu trayectoria. Antes de despegar hacia DC, te reuniste con una amiga judía antisionista para decidir cómo podías tratar el tema del genocidio palestino en Israel. Es la conferencia más importante para las organizaciones sin ánimo de lucro por los derechos homosexuales. Asisten todos los ejecutivos de fundaciones empresariales y organizaciones sin ánimo de lucro, y durante años la norma ha sido invitar a grupos israelíes y rechazar los debates y a los oradores relacionados con Palestina. ¿Por qué sacar ese tema en tu discurso?*

M.M: Muy fácil: porque los movimientos para silenciar la liberación palestina estaban mal. Alguien tenía que decir algo. ¡Pues venga, yo misma! Estas cosas no podemos hacerlas solas. Tenemos que hacer causa común. Hay que colaborar con otras personas con las que compartas anhelos y sueños. Estamos en todas partes, cariño. En todas. Quién sabe, igual alguna de mis chicas de Palestina nos lee cuando esto se publique. Con todo el sufrimiento y los cambios que están atravesando y todos los movimientos antitrans, tenemos que colaborar con las personas que están abajo. No somos las únicas pisoteadas, aquí hay más gente.

T.M: *Viajaste a España para declarar ante Comisión de Derechos Humanos de las Naciones Unidas. Cuando un soldado estadounidense violó y asesinó a Jennifer Laude en Filipinas, participaste en la conferencia multitudinaria del grupo feminista filipino GABRIELA. Uno de los primeros lugares que visitaste cuando te mudaste al sur desde Oakland fue el monumento de homenaje al campo de internamiento de japoneses en Arkansas.*

M.M: Hay gente a la que todas esas luchas le parecen aleatorias. Pero están conectadas, porque una vez que los ves, ya no puedes dejar de ver los abusos que han sufrido todas esas personas, con todo lo que ya tenían encima. Yo quiero demostrar que todo eso es una misma cosa. No importa cuál sea tu color de piel, si eres negra o morena. Hasta los blancos de Escocia han sufrido todas estas mierdas en algún momento; vinieron aquí, a Estados Unidos, segregados por ley. Así que quiero que lo sepan: si arrestan a un japonés, me están arrestando a mí también; si le dan una paliza, a mí también. Es una cuestión de principios e incluye a todo el mundo. Si visitas ese campo de internamiento, es terrorífico ver lo que tuvieron que vivir. Tenemos que enfrentarnos a eso adopte la forma que adopte.

T.M: Mis abuelos estuvieron ahí. Él se lanzó a los brazos de la integración después de la experiencia del internamiento, pero los dos lo vivieron.

M.M: Cuando pasas por una experiencia tan humillante como el internamiento y la retención, necesitas creer que es algo temporal; si no, no lo combates. Y cuando lo combates, hay que asegurarse de que tu lucha lo engloba todo.

Cuando fui a España a esa conferencia trans, fue increíblemente bonito ver a mujeres transgénero vestidas con el atuendo típico de su país. He visto mujeres con esa ropa en Nueva York y en San Francisco, pero lo que quiero decir es que las mujeres trans tenemos cierta confianza en nuestra capacidad para ser simplemente nosotras mismas, más allá del dolor y del sufrimiento. Dejamos todo eso atrás con una sonrisa, y me parece que eso desprende una sensación maravillosa. Ojalá la gente se tomara la molestia de pararse a mirar y valorarlo, en lugar de señalarlo para reírse. Si yo tengo que ser la persona que hace que se paren un segundo, que miren a esa chica y valoren quién es y lo que ha tenido que pasar para llegar hasta aquí, pues que así sea. En otros sitios los problemas son iguales que los nuestros, no hay mucha diferencia. Europa, África, Asia... Lo mismo en todas partes. No podemos acceder a empleos, a educación, a vivienda ni a formación. Lo único que nos dejan es chupar pollas y hacernos clientes, y luego van y nos criminalizan a todas. Todas tenemos algo que ofrecer si nos dan la oportunidad. Y si tengo que poner a parir de uno en uno a un auditorio entero lleno de cabronazos para que se den cuenta, pues adelante.

9

HAZ LO QUE HAGA FALATA PARA LLEGAR A MAÑANA

T.M: *Da la impresión de que has trabajado de casi todo a lo largo de tu vida. Ayudante en una morgue, trabajadora sexual, conductora de la furgoneta de intercambio de agujas en el Tenderloin, madre elegida de muchas de las chicas fuera y dentro del sistema penitenciario cuando estabas en el TGIJP... Muchos de esos puestos de trabajo, como el de directora del Centro de acogida del TARC, no existían hasta que tú los creaste. En el TARC, solicitaste a principios de los 90 que la organización destinase parte de sus fondos ayudar a las chicas de la calle, que eran uno de los grupos más afectados por el VIH, y así pusiste en marcha el centro de acogida. También sé que pasaste una temporada conduciendo un camión cuando te mudaste a California...*

M.M: Cariño, tú nombra cualquier trabajo y seguramente lo habré hecho. Puede que me despidieran, pero siempre he ido tirando. Cuando llegué a Nueva York, mi tía me consiguió un empleo en el Hospital Goldwater Memorial, donde ella era enfermera. No duré más que tres semanas, claro. Y lo mismo cuando trabajé en el servicio telefónico de atención al cliente de PG&E [Pacific Gas and Electric Company, una empresa de gas y electricidad de California] en San Francisco. Hace mucho tiempo trabajé en una tienda de ropa y me despidieron porque, según sus palabras: «No podemos admitir ese comportamiento en un lugar de trabajo»; resulta que mi comportamiento como persona trans era «repugnante y vergonzoso». Y como tuve un montón de empleos que no se consideraban «legales», para cuando llegué a la edad de recibir una pensión fue de lo más gracioso. Voy a la Seguridad Social, con mi carnet, espero en la cola, por fin llega mi turno y paso a la oficina. Y veo a la chica levantarse, va a la mesa de otra compañera, se quedan las dos mirando mis datos y ponen cara de no entender nada de nada. Y se van a buscar a una tercera, que al final se me acerca y me pregunta:

—¿Griffin-Gracy?.

—Sí.

—Va a recibir 175 dólares durante el resto de su vida.

T.M: ¿Al mes? Joder.

M.M: A veces, me juntaba con más gente, nos arreglábamos e íbamos al JFK [el aeropuerto internacional John F. Kennedy de Nueva York] para mangar maletas. Era antes de que tuvieran ruedas, así que pesaban que te cagas. En aquella época, la gente que volaba tenía que tener la pasta suficiente para poder pagarse el avión, para empezar, así que casi siempre había algo que se podía vender. Una vez, una de las chicas cogió una maleta y cuando volvió a la ciudad y la abrió, ¡resulta que tenía dentro 10 000 dólares! También trabajábamos en negro en varios clubs los viernes y los sábados por la noche. Nos pagaban una mierda, ganábamos mucho más haciendo la calle. Como empezaba a medianoche, solía ir desde la estación de la calle 8 con la 34.ª avenida —de hecho, ahí estaba la noche anterior a Stonewall, porque tenía un cliente allí— o, si iba desde algún otra parte de la ciudad, cogía el metro hasta el cruce de la Séptima con la 29 oeste. Y trabajábamos hasta el amanecer. Lloviese, tronase o relampaguease. Y si bajabas por todo Broadway ya empezaba a amariconarse la cosa. Los chicos andaban por Park Avenue; las noches de poco movimiento solía acercarme por allí a alegrarme la vista y pasar el rato. La calle 7 era la zona de las trans que le daban a las drogas duras, de tías cis y de chicas que se habían hecho el cambio de sexo. La 8 era la de las alcohólicas. La 9 era un poco cuestión de suerte, vete a saber lo que te ibas a encontrar. Una amiga mía solía trabajar en la 9. Se llamaba Linda la Guapa. La pobre Linda era feísima, pero un absoluto encanto. Yo me echaba a temblar con solo pensarlo: «¿Cómo puedes currar ahí?». Y me decía: «Tía, ahí es donde te sacas pasta de verdad». Si eras guapa, no tenías nada que hacer ahí, no sacabas una mierda. Los clientes pasaban de largo y al rato Linda la Guapa volvía con el alquiler de un mes. Era alucinante, digno de ver. Linda era de las majas, de las chicas que te ponían al corriente de lo que había que saber; te decía dónde te tenías que poner, de qué clientes tenías que estar pendiente, y con ella aprendí a ayudar a vigilar a las chicas que estaban haciendo la calle. Había que tener mucho cuidado, porque en aquella época nos daban muchísimas palizas. Apuntábamos el número de matrícula si veíamos a una de las chicas subirse a un coche que nos daba un poco de mal rollo e intentábamos tener una buena descripción por si pasaba algo. «La vi montarse en el coche. A esta hora, en un coche con esta matrícula, de esta marca y este modelo, y el tío tenía esta pinta». A eso me ayudó Linda; juntamos a las chicas y acabamos encontrando la forma de que una se quedara vigilando a cambio de parte del dinero que ganáramos esa noche.

T.M: *Vigilar a la policía, vamos.*

M.M: Sí, podría decirse así. Y para las noches que te cogen, siendo negra, de pequeña aprendí un truco: si acabas metida en alguna movida con un policía, haz cualquier cosa que le cabree lo suficiente para que te deje sin sentido. Si no te deja inconsciente, te va a seguir sacudiendo hasta que oiga cómo se rompen uno o dos huesos, e igual acabas en el hoyo. Yo le escupí a un poli en la cara y me dejó seca en el acto. Me llevó a rastras directa al calabozo.

T.M: *¿Y qué me cuentas de los chulos?*

M.M: Yo siempre trabajé por mi cuenta. Nunca tuve un chulo ni un cliente concreto, ningún tío que me protegiera. Nos cuidábamos entre nosotras. Cuando trabajas en la calle, la única forma de sobrevivir es contar con las demás.

T.M: *¿Cómo te protegías?*

M.M: Llega un momento en el que dejas de prestarle atención a eso. Cuando me mudé al sur, lo primero que me compré fue un chándal de camuflaje. Se suponía que así no llamabas la atención. Mentira. Y, por cierto, te tengo que recordar que llames a Tráfico. Todavía no sé nada de mis matrículas.

T.M: *Vale. Dado que ha pasado más de un año, no sé yo si te van a hacer caso. Pero volveré a llamar. [La matrícula personalizada del viejo Cadillac de Major en California era TSCUGR; su solicitud a la delegación de Tráfico de Arkansas para hacerse una matrícula en la que ponga TRNSGNR lleva pendiente desde 2018].*

M.M: Cuando me dedicaba a hacer la calle, mi arma favorita era un cubo de basura.

T.M: Sé que cualquier cosa se puede convertir en un arma, pero explica cómo lo hacías.

M.M: Era antes de que hubiera contenedores de plástico; entonces los cubos eran de metal. Yo siempre llevaba encima una navaja automática. Así que, cuando tenía cinco minutos entre un cliente y otro, recortaba la tapa del cubo de basura para que la parte de abajo de la tapa se quedara dentada. Volvía a ponerla en el cubo y me bastaba con estirar el brazo para cogerla en cualquier momento. Así se sobrevivía, haciendo lo que hiciera falta. Y cuando por fin nos dejaron tener empleos «respetables» en los hospitales con la crisis del sida, porque en ese momento muchos médicos tenían miedo y no querían tratar a los pacientes, teníamos que aguantar que se dirigieran a nosotras en masculino y que no nos dejaran llevar maquillaje.

Si la gente nos quiere entender y trabajar con nosotras, tiene que saber que no es fácil levantarse y salir por esa puta puerta sabiendo que a lo mejor ya no vuelves. Solo porque igual te cruzas con algún gilipollas, en la gasolinera o en la tienda, que se pone en plan: «Anda, pero si es uno de esos travelos de mierda». Y ¡pum!

T.M: Después del tiroteo en el instituto de Parkland, Florida, en 2018, llamaron de un canal de noticias para que dieras tu opinión. Buscaban una voz activista y te llamaron a ti, seguramente porque se imaginaban que estarías a favor

del control de armas de fuego. Rechacé educadamente la in-
vitación en tu nombre.

M.M: Bueno, yo no puedo decirles a las chicas
si tienen que conseguirse un arma o no. El tema tiene trampa, porque el 99% de las veces, aunque tengas
un arma, cuando llega el momento de defenderse,
¿quién es la que va a la cárcel, aunque la haya usado
solo en defensa propia? La persona trans. La cuestión
es que han militarizado los cuerpos de policía y ¿a por
quién va la policía? A por la gente negra. Y si no son
los negros, son las chicas nativas americanas, las lati-
nas, que seguramente no se han criado en un ático de
lujo al norte de la calle 14. Una de las razones por las
que Alex fundó el TIP fue que acababan de asesinar a
Gwen Araujo. La mató alguno de los tíos que la veían
a escondidas. Los abogados la trataban todo el rato en
masculino e insistían en que Gwen había engañado a
todos esos hombres para que se acostaran con ella.

T.M: *La estrategia de «defensa por pánico trans». Así*
que a veces es cuestión de sobrevivir, no de política.

M.M: Hasta que sepa con seguridad que todos y
cada uno de los agentes de policía cambian su arma de
fuego —todas ellas— por una de esas miniporras que
les dan en Inglaterra, yo no puedo decirle a la chica que
está en la calle y que siempre tiene que mirar dos veces
antes de salir de casa: «Bah, no te preocupes, no pasa
nada». Porque la realidad es que en mi comunidad la
veda siempre está abierta, los 365 días del año.

IV
MISS MAJOR Y EL FUTURO

10

MISS MAJOR Y EL FUTURO

M.M: ¿Lo has visto? En un artículo que me han enviado sale un médico diciendo que ya ha nacido la primera persona que va a llegar a vivir 150 años.

T.M: *Tú me vas a enterrar a mí, eso está claro. Yo creo que si llegase a los 150 me aburriría. ¿Tú no?*

M.M: No. El otro día le contaba a no sé quién que puedo sentarme a ver el mismo programa, la tele o una película cinco o seis veces seguidas, porque cada vez que lo hago veo algo diferente. Me fijo en todas esas cosas y se me quedan en la cabeza. Y cuando salgo por ahí veo cosas, sigo siendo una persona curiosa. Hay que estar dispuesta a aprender cosas nuevas conforme pasa la vida, sobre todo cuando eres una persona mayor. La mayoría de nosotros tenemos costumbres arraigadísimas. Pero, si te acostumbras a ir siempre por el mismo camino, llega un momento en el que ya no avanzas, ¿me entiendes? Y yo no quiero sentir que me he quedado atrapada en el hormigón; aunque me mueva despacio, quiere ser capaz de seguir hacia delante.

Mira, estoy más vieja, pero todavía tengo las ideas muy claras. Hay gente que se niega a creerlo, pero las personas mayores seguimos teniendo relaciones sexuales. Y creo que la gente tiene que saberlo, porque dentro de poco más de la mitad de la población del país va a tener más de 50 años. Y no recibimos la atención que necesitamos ni se nos trata con la amplitud de miras que nos corresponde.

T.M: *Muchas personas trans siguen sin salir del armario hasta que son bastante mayores. Igual sería más fácil si tuvieran acceso a atención médica y a sueldos dignos.*

M.M: Igual así no tendrían que esperar a los 45 para empezar la fase adolescente.

T.M: *Hablando de años, a la mitad de tus amigos les doblas la edad.*

M.M: Sí, y la otra mitad aguanta a duras penas, aferrándose a una sola vena y con dos latidos por minuto. Pero la sociedad no se fija en esa gente, pasan desapercibidos. Imagínate lo que les pasaría a los que mandan si todos los chavales de instituto y todas las personas mayores se juntasen; porque desde luego no todos se tragan las mierdas que nos cuentan.

Para muchas mujeres, envejecer es algo malo, pero, cuando la gente más joven me llama madre o abuela, yo lo vivo como un honor. Esa gente piensa: «Fíjate, es una señora trans mayor que ha sobrevivido y sigue liándola». Las personas mayores podemos enseñar a los jóvenes a seguir con la lucha. Me parece que es lo que hay que hacer. Si nunca dejan de atacarte, y sobre todo si formas parte de esta comunidad, no puedes jubilarte y marcharte paseando hacia el horizonte, sin más. Hay que quedarse y enseñar a los jóvenes a pelear.

T.M: La segunda pregunta que te hace todo el mundo, después de la inevitable mención a Stonewall, tiene que ver con tu percepción del horizonte más lejano para la transformación social, con cómo te imaginas el futuro. ¿Qué aspecto tiene tu utopía? ¿Cómo te imaginas tú el futuro?

M.M: Puf, también estoy hasta las narices de esa pregunta. ¿Tengo pinta de adivina?

T.M: Ya, pero desde que te conozco tienes planes y no dejas de pensar en el futuro, y está claro que esa visión te ha funcionado, en cierto sentido. Para mí y para muchas otras personas eres una inspiración y nos haces creer que, si tenemos una comunidad, tal vez no vaya mal del todo, aunque parezca que hay alguna catástrofe apocalíptica acechándonos. Las chicas trans siguen hablando de la suerte que tienen cuando llegan a cumplir 35.

M.M: No sé qué va a pasar mañana. Pero, joder, aquí estoy, así que lo mejor que puedo hacer es disfrutarlo y ayudar a mi comunidad, si está en mi mano. Espero que en el futuro se haga menos hincapié en la cirugía y en los marcadores de género. Espero que alguien deje este libro llevándose consigo la idea de que «transgénero» no se refiere a un único tipo de persona.

El mero hecho de ser quienes somos y que se nos respete por lo que hemos hecho ya es toda una batalla, y muchas veces parece que no tiene fin. No hay forma de acabar con todas esas personas en posiciones de poder. Con estas estructuras, la cuestión no es cargarse a los que están arriba y, aunque lo fuera, ¿cómo se hace eso? Siempre tienen una diana puesta en nuestra frente y apretarán el gatillo cuando les convenga. Tenemos que recordarles continuamente que vemos sus mentiras. Yo estoy medio ciega y aun así las veo, cabrones de mierda.

La gente debería estar haciendo todo lo posible para echar abajo el *statu quo*. Y tenemos que recordar que, si tratamos con los que mandan, no perdemos nada por pedir más. Si consigues acceder a alguien del estrato superior de la sociedad, hay que aprovechar esa ocasión al máximo. Sea lo que sea lo que pidas, pide más. A veces, intentan salir del paso dándonos algo con lo que en realidad no podemos vivir, porque en algún momento esos cabrones decidieron que lo que había que hacer era ponerles a las mujeres trans muertas una placa de bronce en la acera y, hala, con eso ya vale. Como la que está delante de la cafetería Compton en el Tenderloin. Es imposible darse cuenta de que la placa está ahí, ni aunque te tropieces, te caigas y te abras la frente con ella. Así que, si te salen con esas, lo mejor es decir: «Guau, muchísimas gracias, te lo agradezco un montón, pero, mira, la verdad es que no sé de nadie que pueda vivir de que le pongan una placa». Igual si la placa fuera del tamaño de un piso de dos habitaciones... En lugar de una placa en la acera, ¿qué tal si hablamos del edificio que está al lado? Porque, para empezar, los propietarios no quieren alquilar viviendas a la gente de mi comunidad y, además, hoy en día hay que tener tres o cuatro trabajos y compartir piso con tres o cuatro personas más para poder permitirse el alquiler de un cuchitril en el que descansar.

T.M: Has dicho que la tecnología y las redes sociales han aislado a personas que podrían compartir causa y han generado muchos dramas porque alguien se toma algo mal y lo entiende de manera distinta a como lo haría si se viesen en persona. La primera vez que te oí hablar de eso pensé que la gente más joven del público se imaginaría: «Claro, tiene más de 70, normal que se resista a la tecnología; ¿sabrá usar un móvil?». Pero te mueven razones mucho más profundas y, de hecho, manejas el iPad mejor que mucha gente de mi edad. Has echado tus horas en Tumblr y Rentmen.com.

M.M: Desde luego, los de Rentmen tendrían que pagarme a mí. Es verdad lo de la tecnología. A veces, con la palabra «progreso» hay que pensar en la imagen en su conjunto. Antes de la pandemia de la COVID, a algún gilipollas se le ocurrió convertir a Whitney Houston en un holograma y llevársela de gira. Es tristísimo. Como si no hubiera tenido bastante cuando estaba viva. ¡Déjala descansar en paz, joder! Esa cosa se le parece mucho, casi no se puede saber que la han creado por ordenador. Van a dejar de necesitar a las personas. A mí me hace pensar en la Revolución Industrial: ese progreso estaba muy bien si eras de la familia Rockefeller, pero fue devastador para todos los demás seres humanos. En algunas épocas de mi vida, como era madre soltera y tenía que pagar las facturas, conducía un taxi. También he conducido un camión por California y la furgoneta de intercambio de agujas en el Tenderloin. A veces, haciendo la calle no llega para pagarlo todo y hay que apañarse de alguna otra forma. Ahora quieren sacar por ahí coches que se conducen solos. Los taxistas y todos los demás ya no van a hacer falta. Así que, eso a lo que llaman progreso no suele ser progreso.

Cuando me dedicaba a chupar pollas en la Séptima Avenida, no pensaba en el día siguiente. Y el trabajo sexual era un trabajo. Un trabajo que da la casualidad de que me gustaba, pero aun así trabajo. En los sesenta se solía decir que era la época del «amor libre». Y las demás chicas y yo, que trabajábamos en las avenidas, no dejábamos de pensar: «Madre mía, ¿y qué vamos a hacer las putas?».

Muchas veces, estaba en el asiento trasero del coche de algún cliente o de algún poli al que se la tenía que chupar para que no me arrestase y pasaba el rato repasando mentalmente las cosas que había visto a lo largo de ese día. Cuando vivía en Nueva York, si tenías unos prismáticos el mundo era como tu tele. Eso ya no pasa. Recuerdo haber oído comentar a algunas de las chicas trans más mayores que todo el mundo cruza alguna parte de la calle 42 en algún momento de su vida. Y parecía que era así, siempre. Yo ya no salgo de la misma manera, pero si hubiera alguna forma de recuperar la sensación de esa época —no el lugar, sino la sensación—, con ese futuro podría estar de acuerdo.

A algunas personas trans más jóvenes les he oído decir: «Me voy a operar, voy a aprender a hablar de esta manera y ya está, habré terminado». Nunca está. Aunque seas una persona hetero y cis, nunca se termina. No dejan de pasar cosas con potencial para cambiarte. Todo lo que soy hoy no es lo que voy a ser mañana, porque ahí faltan las cosas que me han pasado hoy y las que me van a pasar esta noche. A la gente se le olvida. «Cuando transicione, ya está, se acabó». Pues buena suerte. Porque, si se acabó, entonces es hora de marcharse y, mira, yo todavía no quiero irme a ninguna parte.

Tengo más de 70. ¿Por qué no lo he dejado? Lo primero, por la comunidad. Por mis chicas. En algún momento me he planteado dejarlo, pero no lo he hecho. Me he ocupado de dar un paso atrás, recobrar fuerzas y volver; así se hace camino. Nuestras historias no son todas iguales, pero la meta sí: conseguir un lugar con algo de paz y armonía en el que podamos estar cómodas con nosotras mismas y con la gente que nos rodea. Y entonces lo aprovechas todo lo posible y esperas poder contribuir a que todo sea un poco mejor para la chica que venga después de ti.

AGRADECIMIENTOS

Eric A. Stanley me presentó a Major y me dio a conocer futuros políticos radicales (y otras razones para vivir). Bill, Caitlin, Carolyn, Mark y Michelle fueron un apoyo cuando no tenían por qué serlo. Chanelle Gallant llenó muchos vacíos gracias a su camaradería con Major y conmigo.

Alex Lee, Toney Micheli (Alina Malletti Galore), Smitty (también conocida como Ana Smith Figueroa), Angela Y. Davis, Annaliese Ophelian, Ash Hunter, Asiah Wittenstein Major, Barbara Smith, Beck Witt, Billie Cooper, Bodhi Bivens, Caitlin Breedlove, Calvin Burnap, CeCe McDonald, Ceyenne Doroshow, Chelsea Carl, Christopher Joseph Lee, Christopher Major, Chris Vargas, Christen Cioffi, Clio Thatcher Sady, Cory Hoch, Craig Calderwood, Craig Willse, Cris Sardina, danni marilyn west, Dean Spade, edxi betts, Erica R. Meiners, Gardner Murray, Guy Vandenberg, Jason Fritz Michael, Jay Toole, Janet Mock, Janetta Johnson, Jemma DeCristo, Julienne Brown, Kendra Johnson, Kentaro Kaneko, Kin Folkz, Krystal Farmer, Lark Cratty, Leif Pope, Linda Evans, Mameta Endo, Manuel LaFontaine, Mariam Lam, Mary Wood, Matt Luton, Matt Momchilov, Matt Schoenhofen, Mattilda Bernstein Sycamore, Micah Bazant, Morgan Bassichis, Ms. Bob Davis, The Louise Lawrence Transgender Archive [el Archivo Transgénero Louise Lawrence], Nat Smith, Penelope Poppers, Petunia Algebra, Pooja Gehi, Rae Nelson, Ralowe Ampu, Raquel Willis, Rebecca Hurdis, Ruth Barr, Sarah Lakey, Shana Kim, StormMiguel Florez, Suzanne Pharr, Thom Jeffress, Tomoya Asanuma, Tory Becker, Tourmaline, Tracie Jada O'Brien, Una Osato, Wriply Bennet, Yasmin Nair, Young Tran.

Miss Major es un auténtico mito en los entornos trans y queer y en todo el mundo. Vive en Little Rock (Arkansas), donde dirige la Casa de GG, centro histórico y retiro educativo.

Toshio Meronek vive en San Francisco y se dedica a la escritura en materia de vivienda y políticas queer.